# SILENT WITNESSES
## A HISTORY OF FORENSIC SCIENCE

# 无声的证言

*Nigel Mccrery* 〔英〕奈杰尔·麦克雷里 著

赵瑞娜 译

重庆出版集团 重庆出版社

SILENT WITNESSES: A HISTORY OF FORENSIC SCIENCE by NIGEL MCCRERY
Copyright©This edition arranged with THE RANDOM HOUSE GROUP LTD
through Big Apple Agency, Inc.,Labuan, Malaysia.
Simplified Chinese edition copyright：2017 Chongqing publishing house.All rights reserved.
版贸核渝字（2013）第347号

**图书在版编目(CIP)数据**

无声的证言 / (英)奈杰尔·麦克雷里著；赵瑞娜译.
— 重庆：重庆出版社，2017.6
书名原文：SILENT WITNESSES: A HISTORY OF
FORENSIC SCIENCE
ISBN 978-7-229-11588-3

Ⅰ.①无… Ⅱ.①奈… ②赵… Ⅲ.①法医学
Ⅳ.①D919

中国版本图书馆CIP数据核字(2016)第225349号

**无声的证言**
WUSHENG DE ZHENGYAN
〔英〕奈杰尔·麦克雷里 著　赵瑞娜 译

责任编辑：肖化化
责任校对：刘小燕
装帧设计：何海林

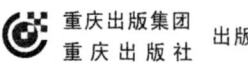
重庆出版集团
重庆出版社 出版

重庆市南岸区南滨路162号1幢　邮政编码：400061　http://www.cqph.com
重庆市国丰印务有限责任公司印刷
重庆出版集团图书发行有限公司发行
邮购电话：023-61520646
全国新华书店经销

开本：710mm×1000mm　1/16　印张：16.25　字数：180千
2017年6月第1版　2017年6月第1次印刷
ISBN 978-7-229-11588-3
定价：38.00元

如有印装质量问题，请向本集团图书发行有限公司调换：023-61520678

**版权所有　侵权必究**

# 目 录

引　言 ······················ 1

第一章　人身同一认定 ·········· 17

第二章　法医弹道学 ············ 54

第三章　血液鉴定 ·············· 85

第四章　微量迹证 ············· 117

第五章　身　形 ··············· 151

第六章　毒　物 ··············· 187

第七章　DNA ················· 229

# 引 言

谋杀自有谋杀的神奇之处。
——威廉姆·拉夫黑德,苏格兰犯罪学家(1870—1952)

1983年11月21日清晨,天色还没有大亮,冷风刺骨,异常寒冷。15岁的琳达·曼按照妈妈的嘱咐,在去学校之前,穿得暖暖和和的:她里面穿了件紧身衣,配了条牛仔裤,外面穿了件加厚套衫,脚上是白色棉袜配黑色球鞋。出门前,她又加了件新买的厚夹克,同时给书包里塞了一条厚实暖和的围巾。

琳达住在一个名叫纳伯勒的小村庄,距莱斯特城中心约六英里之遥。在琳达的妈妈凯瑟琳看来它就是一个"彻彻底底的英国小村庄"。离异的凯瑟琳在城市里住了很多年,确切地说,她生命里的大部分时间都住在那里,但是当她带着琳达和另一个女儿苏珊在纳伯勒定居之后,她渐渐爱上了这个地方。1980年她再婚嫁给了一位名叫埃迪·伊斯特伍德的退役军人,组建了一个幸福快乐的四口之家。

琳达这个姑娘,长得很漂亮,乌黑的头发,雪白的皮肤。同时她性格也很好,乐观向上,活泼开朗,外向热情。在学校里,她的功课也相当不错,她学习了好几门外语,希望今后能有机会周游世界。这种种迹象都表明,她是个热爱生活的姑娘,似乎能和整个世界和睦相处,从来没见过她跟谁会合不来。

那天放学回到家,琳达和继父匆匆吃完晚饭,就离开了小村庄,她先去了一个叫凯伦·布莱克威尔的朋友家中待了会儿,然后去了另外一个朋友那里取回借给她的唱片。这个姑娘名叫卡罗琳,住在恩德比,离凯伦·布莱克威尔的家只有十五分钟的路程,离被当地人称为"黑色帕德"的一条很偏僻的小路也很近。就在琳达沿着这条小路回家的时候,附近卡尔顿海因斯精神病院大门不远处的路灯柱旁边站着一个人影。

凌晨一点半,家人仍然不见琳达回家。继父越来越有些担心了,于是开车在小村庄里四处寻找琳达的踪影。他找遍包括"黑色帕德"在内的几乎所有的当地人常去的地方,连琳达的影子也没有发现。为了能尽快找到失踪的琳达,他去布朗斯通警察局报了案。那里的警官记录下琳达的详细资料,然而对于此事他们并没有给予足够的重视,毕竟琳达才刚刚失踪。之后埃迪·伊斯特伍德便回家等候消息了。可他万万没想到的是,只要他沿着"黑色帕德"再前进几步,他就会发现令人震惊的一幕。

第二天早上，一个医院的搬运工为了省劲儿，抄了近路，正好横穿"黑色帕德"。就在横穿这条小路的时候，第一眼，他以为自己看见的是一个半裸着的人体模型躺在树丛旁边的草地上，身体如大理石一般白一般硬。但是当他走近时才发现那根本就不是什么人体模型！它竟然是一个姑娘！他发现的正是琳达·曼的尸体。

1983年11月22日早上八点半，警方对这一起谋杀案展开了正式调查，侦查总警司大卫·贝尔也参与到了此案的调查中。

一直以来，这个事件在法医学中都具有里程碑式的重要意义。说也奇怪，碰巧就在琳达惨遭不幸大约一年之后，离纳伯勒只有几英里之遥的莱斯特大学发现了解决此类问题的关键性技术。

亚历克·杰弗里斯博士（也就是现在的亚历克爵士）在硕士研究生阶段就读于牛津大学默顿学院生化专业，毕业后他留在牛津大学直到取得博士学位。之后他先在阿姆斯特丹大学的研究所工作了一段时间，1977年他开始了在莱斯特大学的工作。

1984年9月10日，这天杰弗里斯在研究工作中获得了一个革命性的发现。他在实验中仔细观察DNA的X光胶片图像时，碰巧发现同一个家庭中不同个体的DNA，既有明显的相似性，又有明显的差异性。杰弗里斯迅速地觉察到这一发现的重要性：每个个体都可以通过自身独特的基因编码进行识别和鉴定。每个人都有自己的基因"指纹"。这也就意味着同一个人的任何遗传物质——比如头发、表皮细胞以及体液等等——目前从理论上讲都是相互匹配的。

当琳达的尸体被发现时，一位病理学家来到现场并对其进行了仔细的观察，通过观察发现"阴毛上沾满了精液斑"——这个发现至关重要。在其继父确认为琳达的尸体之后，对其进行了尸体检验。结果发现有人对其实施了强奸，过程持续至琳达生命的最后一刻，而且此人有早泄的毛病。同时从插入阴道深处的棉签上也发现了精液。然而官方公布的死因却是勒颈窒息。

对精液进行了磷酸葡萄糖变位酶(PGM)分组检测和抗原检测,发现此精液由 A 型血分泌。也就是说 A 型血的人分泌的抗体会从血液里进入到其他体液里，比如精液或者唾液里。继续从生物学角度来分析会很深奥复杂，但对我们研究而言，这已经足够了，至少由此我们知道凶手是 A 型血 PGM1+。这是我们的第一个突破，因为它缩小了凶手的范围，毕竟在英国只有十分之一的男性符合这一描述特征。尽管凭借这一条信息还远远不能确认凶手到底是谁，但是这一信息也是相当有用的，它能够帮助警察排除一些嫌疑犯——比如这一信息就证明了艾迪·伊斯特伍德是清白的(其实他从来都不是嫌疑犯，只是在这种情况下，直系亲属必须接受检查)。然而这对于抓到真凶一事来讲并没有什么实质性进展，这似乎是一条线索，似乎又不是什么线索。审问的许多嫌疑犯最终也都释放了。于是调查就这样继续着。

最终琳达的尸体回到了家人的身边，并于 1984 年 2 月 2

日安葬在全圣教堂的墓地里。同年4月,调查此案的警官从150人下降到了8人;为此案设立的专案室也关门了;夏天的时候,此案的调查工作基本叫停了。调查过程中做了150个血液测试,结果却只是徒劳。

尽管村民对琳达·曼惨遭不幸的记忆并没有完全消失,然而随着时间的推移,确实有些淡忘了。一方面因为毕竟最终没有查出真凶,所以此案一直牵动着人们的神经;可是从另一方面来讲,类似于1983年11月份的惨案再也没有发生过,这让人们觉得谋杀案又是那么的遥远。然而1986年7月发生的最悲惨的一幕,让这一切改变了。

罗宾和芭芭拉·阿什沃斯夫妇及他们的两个孩子,道恩和安德鲁,一起生活在纳伯勒附近的一个叫做恩德比的村子里。这是一个亲密无间、充满浓浓爱意的家庭。道恩,15岁,一双大褐色的眼睛,清澈迷人。她虽然学习成绩平平,但对艺术却有着强烈的学习意愿。为了多挣些零花钱,道恩在一家报刊店做兼职。

1986年7月31日下午3:30,道恩做完报刊店的工作回到家中。她迅速换好衣服,准备出门去找她的朋友们,因为晚上她和家人应邀去参加朋友的生日宴,妈妈提醒她下午7点前必须回家。于是,她出去买些糖果作为生日礼物。出门时,她上身穿了一件宽松的拼色衬衫,下身穿一条白色的喇叭裙,外面罩了一件白色的高领套衫,脚上穿了一双白色的帆布鞋。另外她还带了一件蓝色的牛仔夹克。

道恩的朋友们最后一次见到她是下午4点钟左右,那时她已经买好了糖果，前往十磅巷，这是恩德比和纳伯勒之间路程最短的一条乡间小道。她打算顺道拜访几个朋友，不巧的是她们正好都不在家。如果她们在家的话，也许悲剧就不会发生了。我读到过——也亲身经历过——很多案例，在事情发展的过程中都有机缘巧合的因素在其中起着重大的作用。这种机缘巧合有种强大的力量，以至于能够生杀予夺。

由于没有见到朋友们，道恩便沿着十磅巷回家了。

时间到了下午7点，去参加生日宴的时间到了，可是道恩仍然没有回到家中，这时候她的父母开始担心起来了。迟到可不像她的作风，她一贯很守时的。她妈妈得知下午4:30她就离开朋友家，之后就再也没人见过她了，这无疑增加了家人的恐惧。于是他们将道恩失踪的事报告给警察局，得到的回复却是稍后处理——因为十几岁的女孩子由于迷路失踪几个小时的事情并不少见。这一点，道恩的父母很清楚，而且对道恩来讲这样的事情以前也确实发生过。

直到晚上9:30依然不见道恩的踪影，爸爸决定出门去找她。他寻遍了当地的大街小巷，就像3年前的艾迪·伊斯特伍德一样，他事实上也路过了女儿尸体躺着的地方却没有发现她。

第二天，8月1日，周五，警方最终开始行动了，纳伯勒地区开始沸腾起来了，到处都是搜索道恩的警察和警犬。

和遇到的类似事件一样，罗宾和芭芭拉·阿什沃斯夫妇需要接受很长时间的采访，他们的家和院子需要接受非常仔细的搜查。在此期间，他们还接到了一些匿名的无声电话，这增加了他们内心的痛苦。关于道恩的寻人启事以及道恩爸爸以个人名义贴出的希望她平安回家的告示，随处可见。

  8月2日，一名警官在十磅巷附近发现了一件蓝色的牛仔夹克，口袋里装着一支唇膏和一盒香烟。随后这个区域立刻被警方封锁了。大约中午的时候，在离十磅巷不远的地方发现了一具尸体，尸体被掩盖在一丛黑刺灌木底下。这具尸体像琳达·曼一样下体裸露着。尽管还需要道恩的爸爸做最终的身份确认，但是警方已经明白这就是他们要找的人了。确认之后，下午6:30开始正式进行尸体检验。病理学家宣布死因为勒颈窒息，极有可能是手臂扼喉窒息。从检验结果看，她被强奸过，是肛交，而且极有可能发生在死后。同时还发现在此之前道恩还是个处女。

  调查依然遵循通常的模式：采访，挨家挨户询问，重复询问以及申诉。警方对他们获取的大量情报进行筛选，发现一条很有用的线索。至少有四个目击证人说看到过一个骑着红色摩托车或者戴着红色摩托车防撞头盔的男人。此人和他的摩托车出现在不同的时间和地点。中午的时候，目击者看见他出现在桥下；大约下午4:45的时候，另一个目击者看到他再次出现在桥下；下午5:15的时候，第三个目击者看到他的摩托车停在十磅巷；晚上的时候，第四个目击者说自己看到他的摩托车在发现道恩尸体的米尔巷穿梭。就这样，这个骑摩托车的男人成了此次调查关注的焦点。

  当地的一名警官注意到了一名17岁的男孩，他是卡尔顿海因斯医院的一名搬运工，这个警官看到他推着一辆摩托车，于是上前拦住了他，他自己也承认道恩失踪前曾见过她，就这样他被带回去审讯了。

接下来的周四,也就是8月7日,一名目击者联系到了调查组,告诉他们说这个17岁的男孩是他在卡尔顿海因斯医院的同事,那个男孩曾告诉他警察在M1桥附近的树篱中发现了道恩的尸体,尸体被挂在树上。尽管最后的细节不符合事实,但是其他的描述竟然和事实出奇地一致,而且事实上警方并没有对外公布过这些信息。另外一名目击者也挺身而出,解释说惨剧发生几个小时后,这个男孩告诉他道恩的尸体被发现了,可是那个时候警方还没有公布这个消息呢。据说之前这个男孩曾和好几个女人有过不正当的行为,据说他还是道恩·阿什沃斯生前见过的最后一个人。其中一个目击者说他和那个男孩交流时,看到他手上有几道抓痕。

获悉了这些信息之后,达维侦探长和库克侦探来到了男孩位于纳伯勒的家中,因其与道恩·阿什沃斯谋杀案有牵连而逮捕了他。男孩被带到了莱斯特郡警察局,面临的是调查组成员轮番的问讯。几个小时的问讯之后,他都快精神崩溃了,最终他承认自己就是谋杀道恩·阿什沃斯的凶手。尽管他的很多供词都欠详尽,有些甚至自相矛盾,但是最终他承认自己实施了谋杀并签了字。于是他被转移到了伯明翰的温斯顿·格林监狱。

凶手已经被绳之以法,于是在道恩·阿什沃斯遇害四周后,她最终被安葬在了恩德比圣约翰浸礼会教堂的墓地里。

因为警方确定自己抓住了真凶,所以他们想进一步找到道恩和琳达两起谋杀案之间的直接关联。对于这两起案件的直接关联性,新闻媒体早就这么推测了。然而,此案中的男孩与琳达一案中的凶手有着明显的不一致。警方对男孩进行的血液检测，很快他们发现这个男孩不是 A 型血 PGM1+，然而这一点儿却是寻找琳达一案真凶的关键之处呀！然而法医学家却一再说他们认定的 A 型血 PGM1+只是一种可能情况，并不一定就具有科学意义上的"准确性"。男孩的母亲极力辩解说道恩遇害当天下午他并不在现场，但是由于她的辩词均出自主观判断，于是也被警方驳回了。回想当时的情景，一方面警方终于松了一口气，毕竟谋杀案的凶手已经入狱；另一方面，警方又觉得惴惴不安，因为警方获得的间接证据确实与男孩的情况不符。然而他们最终决定忽视真正的问题所在。

警方如此行事，接下来引发的自然是人们的各种讨论声。最终的结论取决于人们更相信警方还是更相信男孩的家人。男孩的父亲对基因指纹深信不疑，坚持要求男孩的律师对此进行深入的调查；然而另一方面，警方坚称彻查此事是他们的意思，目的在于证明他们抓获的确为真凶。于是，我们也搞不清到底是谁提出要将这一新技术运用到这个案件的调查中了，但毕竟有人提出了这样的建议。于是亚历克·杰弗里斯博士的研究工作开始发挥作用了。这对于推动琳达·曼和道恩·阿什沃斯两起案件的发展具有决定性的意义。

在这两起谋杀案之前，杰弗里斯就做了一件载入法律史册的重大事件；通过基因指纹证明一位十多岁的法国男孩和一位英国离异少妇的孩子是父子关系。此后，杰弗里斯名声鹊起，并赢得了行业内的尊重和赞誉，但是外界人士对其知道的却不多。然而这也只是暂时的，情况很快就变了。

莱斯特郡警察局的一名高级警探请杰弗里斯帮忙分析道恩·阿什沃斯谋杀案(保险起见这么说,警方怀疑此案与琳达·曼谋杀案是一人所为)凶手(他自己承认是凶手)的血液样品。他向杰弗里斯解释说警方希望能证明此男孩也是谋害琳达·曼的凶手。

同时杰弗里斯也拿到了调查琳达·曼时获取的精液样品。尽管精液似乎有些分解了,但是无论如何他还是抱着乐观的态度并按照常规的方法对其进行了检测。幸运的是,这样的精液中竟存有完整的DNA基因图谱。"而且在其中,"当杰弗里斯回忆的时候说道,"我们还能够看到强奸的迹象。"更重要的是,"精液样品和血液样品并非出自一人"。之后杰弗里斯又花了一周的时间来分析来自道恩·阿什沃斯谋杀案的样品。

最后结果终于出来了,杰弗里斯立刻和大卫·贝尔总警司取得了联系,说有一好一坏两个消息告诉他。贝尔说先听坏消息,于是杰弗里斯告诉他:"你们所谓的凶手不仅在琳达·曼一案中是清白的,而且他也并没有谋杀道恩·阿什沃斯。"警司用十分纯正的英国英语调侃了几句之后,询问好消息是什么内容。"两起案件确实是一人所为。两个女孩是被同一人谋害的。"贝尔质疑会不会有误,然而杰弗里斯却很坚定:"那除非是你们给我的样品有误。"

1986年11月21日,这一天男孩出现在了莱斯特刑事法庭上,同时这一天也成为载入法律和法医史册的重要日子。这个男孩也成为由DNA测试结果证明无辜而被释放的第一个人。直到今天,没有人能够确切地知道最初他为什么会承认自己是凶手，也没有人知道他为什么会对涉案的一些细节似乎了如指掌。或许仅仅是因为他迫于被问询的压力，或许那些涉案的相关细节只是他道听途说而来的，而这些内容又碰巧很接近真相。无疑他的无罪释放是杰弗里斯，甚至是整个法医学的重大胜利，同时这对于男孩和他的家人来讲更是巨大的解脱。然而这对于莱斯特郡的警察来讲却并不是一件好事，确切地说，简直是一场灾难。因为他们不得不重新开始寻找更多证据。

于是警察局紧锣密鼓地开始了新一轮的抓捕真凶的行动。首先是出台悬赏令：能提供逮捕或定罪凶手的相关信息者，可获得悬赏金两万英镑；其次是警察局组建了一支15人的专案小组。

此后直到1987年年初，专案小组的高管团队做出了一个卓越且勇敢的决定：对当地所有年龄在14岁到31岁之间的提供不出不在场证据的男性进行血样采集。这些男性包括在本地工作的男性，还有那些与纳伯勒、里托赛普（Littlethorpe）或者恩德比有着或多或少联系的男性（其实后来这个决定改成了所有的出生于1953年1月1日到1970年12月31日的在这个地区生活、工作或者来这里消遣娱乐的男性），这就把卡尔顿海因斯医院目前和从前的患者及其相关工作人员也包含在内了。

众所周知的采血活动在两个地方进行，白天采集时间为每周三次，从早上7点开始持续到晚上9点；夜间采集时间为每周一次，从晚上9:30持续到11:30。截止到1月底任务已经完成了百分之九十，接受血样采集的男性已经超过了千人，然而通过检测只能证明其中四分之一的人是清白的。很明显调查的周期远远比最开始预计的两个月时间长。

整个一月份对科林·皮奇福克来说都不好过，他成天心惊胆战，总是睡不好觉。他的担忧始于一封来自莱斯特郡警方的信件，警方要求他去指定地点自愿进行血样采集，信中还写明了具体的日期和时间。当他的妻子问及为什么会因为此事而焦虑不安时，他解释说这是警方打算要算计他，因为警方一直想为他不雅的穿着定罪。所以他没有配合警方进行血样采集。

当警方再次要求皮奇福克参加血样采集时，他竟然开始主动接近他在新罕布什尔面包店工作时认识的朋友和同事了，并保证谁愿意替他做血样采集就可以得到200英镑的酬金。他说警方一直因为他不雅的穿着想给他定个罪名。听了他陈述的原因，他的大多数同事都拒绝了，只有伊恩·凯利答应了。凯利只有24岁，是面包店的烤面包师，而且刚刚在这家面包店工作了半年时间。事实上，凯利和皮奇福克关系处得并不是很好，但是还算过得去吧。

其实，皮奇福克是用了另一种不同的方式说服了凯利。他告诉凯利：他的血样已经替一个朋友采集过了，因为那个朋友害怕警察会因为他穿着过于耀眼以及之前的抢劫案找他的麻烦。同时他保证说他的这个朋友绝对不可能和这两起谋杀案扯上关系，因为案发的时候他根本就没有住在村子里。另外他说自己，也就是皮奇福克，已经给那个清白的朋友帮过一次忙了，这次要是再提供一次自己的血样，恐怕会有麻烦的。本来是出于好心相助，可是一旦被发现，就会行善不成，反害朋友遭遇牢

# 引言

狱之灾。再者，警方通知他进行第二次血样采集的时间是1月27日。眼看日子就要到了，于是他继续给凯利施加压力，最终凯利答应替他去参加血样采集。

整个计划和安排差一点儿就落空了，因为碰巧该凯利去参加血样采集的那天他病了。但是皮奇福克最终说服了他，于是皮奇福克带着身体有恙的凯利来到了恩德比米尔巷的丹尼米尔学校，那里正在进行血样采集（这所学校恰好位于道恩·阿什沃斯曾经居住的街道上）。当凯利接受血样采集的时候，皮奇福克在外面等着，生怕别人看见，他站在背阴的地方。凯利按照要求做了该做的一切；最后在采集血样和尿液的同意函上签了字。就这样凯利的全部任务就完成了。

直到五月底，血样采集的工作已经完成了98%，但是通过实验室长久以来的日以继夜的工作，也只能在3653个提供血样的男性中排除2000个犯罪嫌疑人。这时候谋杀案专案组的成员已经锐减到了24名警官，然而他们仍然还有1000多人需要联系。此后不久，专案组成员又继续减少，变成了16名警官。于是便到了德里克·皮尔斯和米克·托马斯两位警官崭露头角并勇于攻克调查死角的时候了，他们想尽快向世人呈现事实原貌。

很快事情就有了突破，真是踏破铁鞋无觅处，得来全不费工夫，线索源于某个相关人员的信息不幸泄露。一天午休的时候，凯利去克拉伦登酒店和几位汉普郡面包店的同事见面。不知怎的，话题说着说着就转向了科林·皮奇福克以及他调戏女性的不良行为。聊天中伊恩·凯利提到了自己曾替皮奇福克进行血样采集的事，当被问及为什么要进行血样采集时，凯利说为了配合谋杀案的调查。同时在聊天中另外一个面包师提到了皮奇福克愿意出200英镑请自己代替他进行血样采集的事，但是当时他就毫不犹豫地拒绝了皮奇福克的请求。

酒店里的一位女士听了他们的谈话感到极其不安，于是她问其中一位面包师打算如何处置皮奇福克，得到的回答简单极了，"听之任之"。因为没有人想过他会是犯罪嫌疑人，另外就是大家担心将此事公之于众，很可能给伊恩·凯利带来巨大的麻烦，这是大家谁也不愿意看到的结果。尽管如此，这位女士似乎不想此事就此罢休。后来这位女士打听到克拉伦登酒店的店长有个儿子是警察，于是她决定将此事告知警方，尽管联系到这个年轻的警员已经是几周之后的事情了。

但是无论如何，警方终于还是得知了此事，他们做的第一件事情就是比对皮奇福克签名的笔迹，警方找到了调查琳达·曼一案时对每家每户做的问卷，以及当年1月份进行血样采集时的同意函，结果发现两者笔迹迥异。于是9月19日上午德里克·皮尔斯探长以串谋妨碍司法公正为由逮捕了伊恩·凯利。凯利在接受审讯时没有丝毫的隐瞒，警方想知道的情况以及冒名顶替皮奇福克提供血样的事情他都如实相告。这些消息绝对算是专案小组数月以来得知的最令他们精神振奋的消息。

同一天下午5点45分，警队侦探们来到了科林·皮奇福克的住所，他们出示证件后进了门。他们将皮奇福克单独带到了厨房里，告诉他"通过我们调查发现你必须为1986年7月31日的道恩·阿什沃斯谋杀案承担相应的责任"，同时也告诉皮奇福克他们已经发现他的血样是他人提供的。对此,皮奇福克只说了一句话:"请你们给我几分钟时间,我想跟我妻子聊几句。"当他被带离自己家时,一个侦探问:"为什么要对道恩·阿什沃斯下手?"皮奇福克回过头说:"因为那个时候只有我俩,一男一女,没有办法。"尽管警方确定这回逮捕的一定是真凶,但是他们也认识到了之前调查中存在的问题。调查到了最后阶段,最终提供有力证据并将事实大白于天下的还是杰弗里斯。这次 DNA 检测的结果十分明确:皮奇福克正是道恩·阿什沃斯和琳达·曼两起谋杀案的真凶。

事已至此,皮奇福克不得不如实坦白了自己作案的整个过程。1988 年 1 月 22 日,莱斯特刑事法庭对其进行审判,判处其双重无期徒刑、十年有期徒刑(由于两起强奸案)、三年有期徒刑(由于 1979 年和 1985 年的性侵害事件),另外还有额外三年有期徒刑,因其与伊恩·凯利构成串谋罪。给皮奇福克定罪的时候,法官奥多先生说:"干了两起强奸和谋杀,简直是丧心病狂!如果没有 DNA 检测,恐怕你还在逍遥法外,也许受害的女性会更多。"

DNA 测试,作为一百年前法医学中最伟大的进步,终于迎来了它的春天。它将继续影响和改变世界各地很多刑事案件的审判结果;它在判定犯罪嫌疑人清白与否时起到了至关重要的作用。虽然直到今天,DNA 测试始终存在着争议和挑战,但是杰弗里斯博士的伟大发现无疑会被一直保留和沿用。

琳达·曼和道恩·阿什沃斯两个案件只是证明了基因指纹是法医学中提供证据的一个强有力的工具——有时它甚至就

是犯罪嫌疑人在案发现场的如山铁证。当然，这也不是说DNA测试就是案件调查和处理中可使用的唯一一种技术手段。事实上，这个领域里的创新和变革真可谓日新月异。因此从多角度或不同的技术手段来研究法医学的历史会相当有意思。法医学中的每种技术手段，从弹道分析到老式的指纹鉴定，很多案例都突出了革新真正的实用价值。本书中列举了一些重要的案例，笔者旨在通过这些案例说明：虽为久逝者，亦可言事。

Chapter 1

# 第一章　人身同一认定

请铭记,你和其他人一样,都是世上独一无二的。

——玛格丽特·米德,美国人类学家(1901—1978)

法医鉴定是通过关联案发现场的各种线索还原案件事实,并对涉案人员身份进行确认和排除的一项重要工作。然而,直到19世纪人们才认识到通过可信的系统化的方式对犯罪活动中的涉案人员身份进行确认是很有必要的。在此之前,通行的人身同一认定方式有两种:目击证人的描述和严刑之下的供词。毋庸置疑,通过这样的方式很容易取得失真的信息;当人们逐渐认识到这个问题时,很多专家决定勇敢地挑战旧例,并致力于改善身份确认的方式。法国法医专家,也是这个领域里的先驱,埃德蒙·罗卡(1877—1966)曾经说"一部人身同一认定史就是一部犯罪活动史",所以很明显法医学主要涉及的是人身同一认定以及关联涉案人员和犯罪活动。本章主要关注的是前者,法医学中最基本的环节——也是法医鉴定的最初尝试:确定并分条目记录涉案人员的身体特征。正如法国的莱塞尔库斯和迪博斯克案给我们的启示一样,我们需要一种书面化的方式来进行人身同一认定。

1796年4月27日,里昂的邮车未能准时到达巴黎南部的一个叫做默伦的小村子。默伦当地的相关人员组建了一支调查小组。很快他们就找到了邮车,可是那场面却令人毛骨悚然。邮车司机和邮差均惨遭杀害,而且尸体被肢解得七零八散。作案的动机似乎很明显,原因是邮车上有500万法郎被盗,同时有一匹马也被盗走了。

然而邮车上唯一的乘客却不在死者之列,确切地说是不见了踪影,于是当局者很容易做出这样的判断:他是此次杀人抢劫案的同伙之一。他虽然自称是一名酒商,但是一直以来他充当的是这个杀人抢劫团伙的内线人员。有人清清楚楚地看到他带着一把巨大的马刀上了邮车;通过对尸体伤口的仔细观察,似乎这马刀也是谋杀所用武器之一。很快警方通过调查发现这个团伙可能还包括其他四名成员,并且他们个个都全副武装——真是无巧不成书,恰巧就有这么一个类似的四人团队,就在邮车到一个叫做达蒙日龙的小村子的几小时前,他们恰好在附近就餐,行迹又十分可疑。

很快警方便搜寻到了这伙人的行踪。失踪的那匹马,也就是邮车上被盗的那匹马,第二天便出现在了巴黎的街头,不久之后,一个马厩的饲养员传言有个自称科里奥尔的男子一大早向马厩归还了四匹马,个个汗如雨下。警方在巴黎北部的一个小村子追踪到了科里奥尔,并将其逮捕。通过搜身和对其住所的搜查,警方一共查获现金100万法郎。此时警方深信他们捕获的便是此案的真凶,于是他被带到巴黎接受司法官进一步的审讯。就在这时,此案竟然出现了离奇的转机。

在逮捕科里奥尔的同时,在其住所里还发现了一名叫查尔斯·盖诺的男子。尽管审讯之后警方确定他不可能是嫌疑犯,但是警方依然没收了他的所有证件。为了取回证件,第二天盖诺不得不去一趟巴黎。谁知他在路上竟然与一位名叫约瑟夫·莱塞尔库斯的老朋友不期而遇,他的这位朋友是一位来自杜埃的富商。盖诺说明了情况,莱塞尔库斯对他的境遇表示同情,并愿意和他同往。无独有偶,事发当天四人团伙在达蒙日龙就餐时为其服务的两名酒吧女招待也在巴黎帮助警方调查此案。当她们看到盖诺和莱塞尔库斯的时候,确定无疑地指认他俩就是四人团伙中的其中两人。

有了目击证人,盖诺和莱塞尔库斯立刻就被警方逮捕了,尽管他俩据理力争,也无济于事。于是他们二人和科里奥尔一起受审,另外还有三人被指控为此案的同谋。结果科里奥尔被判无罪释放,其他人,包括不幸的莱塞尔库斯,均被判处死刑。给莱塞尔库斯定罪的依据很荒谬:有超过十五个目击证人证明他在犯罪现场。事实上还有八十三人高度赞扬他的为人和名望,然而不知道为什么法庭却置他们的证词于不顾,竟然将酒吧女招待的证词看得格外重要,她们作证时振振有词,指认莱塞尔库斯是袭击邮车的凶手之一时毫不动摇。

听到法庭宣布自己有罪,原本在审判中自信满满的莱塞尔库斯,最终再也无法自我控制了。他举手向天发誓:"欲加罪于我者,必是穷凶极恶之徒,日后必遭天谴!我本无辜,若判死刑,天理难容,此亦是对法律的滥用与亵渎!待昭雪之日,希望我的鲜血能够涤荡你们这些法官们和陪审员们的罪恶心灵,希望那时你们会为自己的武断和臆断忏悔,忏悔终生!"

审判过后不久,科里奥尔——真正的罪犯——开始忏悔了,明确表示莱塞尔库斯真的是无辜的,他对此案真的是毫不知情。一位名叫道斑顿的法官——当时就是他下令逮捕莱塞尔库斯——得知内情后,内心十分不安,于是决定亲自前往监狱,和科里奥尔见面聊聊。科里奥尔继续讲述内情,原来是酒吧女招待看错了,误将莱塞尔库斯看成了迪博斯克,他才是真正的罪犯。此二人相貌极其相似,最大的不同在于迪博斯克是一头黑发,而莱塞尔库斯是金发。迪博斯克为了伪装自己,在实施抢劫时(还包括抢劫之前一段时间内)有意戴了一副假发。

值得称赞的是道斑顿决定重新审理此案,同时成立了调查小组,专门重新搜集证明莱塞尔库斯无罪的证据,并告知小组成员莱塞尔库斯可能没有拦路抢劫的作案动机,因为他已经相当富有了。同时,我们也注意到了,他德高望重,不可能是那种随身携带重型刀具的人,就算是给他刀具,他也不像是会用那种刀具的人。可是如果不按常规的方式进行推演的话,调查小

## 第一章 人身同一认定

组有理由相信也许是莱塞尔库斯动用关系贿赂科里奥尔,并说服他来证明自己是清白的。尽管还没有任何证据支持这一反常推论,但是司法部长却同意并支持死刑原判。这样的决定如此愚蠢和荒唐,我 我想应该不仅仅是我——常常百思不得其解,为什么不多调查和研究一下此案呢？——然而那个时候的愚昧无知可能是普遍存在的。

1796年10月30日,抢劫团伙的成员以及不幸的莱塞尔库斯,被带出监狱准备行刑。从巴黎古监狱去往格列夫广场的断头台大约需要二十分钟的路程,路上的情形催人泪下,所有在场的人都深切地感受到了一点。当囚车穿梭在街道上的时候,科里奥尔站在最前面,不断地重复并高呼:"我是有罪的,莱塞尔库斯是被冤枉的！"听到这话,众人大为吃惊。甚至行刑时,在刀片落下的前一刻,科里奥尔仍然尖叫着:"莱塞尔库斯是清白的！"

然而科里奥尔的努力终究也付诸东流,和妻儿相拥之后,泪流满面的莱塞尔库斯最终走向了死亡。

科里奥尔所说的迪博斯克最终也被捕入狱。他和莱塞尔库斯的相貌果然惊人地相似。时隔四年,他也受审,也和莱塞尔库斯一样因同一罪名被判死刑。尽管直到今天为止,大家普遍接受了莱塞尔库斯是被冤枉的,但是无辜的生命却永远无法被挽回了。

在许多罪案中,或许犯罪受害者也需要进行人身同一认定,当案件为谋杀案时更应该如此。早期的凯瑟琳和约翰·海因斯案就是这样一起骇人听闻的案例。

1725年3月2日,大约在破晓时分,一名警卫在泰晤士河岸边的泥滩上发现了一颗被割断的男子的头颅。很显然头颅出现在那里的时间并不是很久,因为头颅才刚开始有腐烂的迹象,而且面部特征依然完好无损,这也就意味着很可能有人会认出这个可怜人是谁。于是头颅被送到了地方法官那里,法官要求给头颅梳洗好,然后将其送到圣玛格丽特教堂,并将其插在杆顶,以便所有人都能看到。前来观看头颅的人排成了长蛇阵,甚至都有小商贩前来向观众兜售零食和饮料。教区的警察驻扎在附近,因为他们确信当犯罪分子看到头颅时肯定会做出某种异常反应。甚至还有这样一个古老的说法——人们对此一直深信不疑:杀人犯一旦碰触到受害者的尸体,尸体便会流血。因此凡是看到此头颅流露出异常悲伤表情的人,都会被教区警察带去碰触一下头颅,看是否有血液从头颅上慢慢渗出。

毫无疑问,这种方式根本不可能找到嫌疑犯,而且没过多久这头颅便腐烂了,若置之不理,很快就会被当地那些吃腐肉的鸟群啄食干净。地方法官担心这样下去恐怕就辨认不出受害者了,于是下令将其浸泡在教堂里的杜松子酒坛里进行保鲜。也只好如此了,如若不然,又将如何?

凯瑟琳·霍尔是一位高挑性感的大美女,很容易吸引众人的目光。她1690年出生在伯明翰附近,由于家境贫困,她十五岁时便离开家乡,一个人去伦敦碰运气了。路上她碰到了几位军官,她的美丽让军官们眼前一亮,于是他们带着凯瑟琳去了伍斯特郡昂伯斯利的军队宿舍,就这样凯瑟琳在那里居住了一段时间。没过多久凯瑟琳离开了那几位军官,之后她便勾搭

## 第一章　人身同一认定

上一位名叫海因斯的很有名望的农场主。但是由于他俩年龄相差太多，所以很快凯瑟琳又将目光转向了他的儿子约翰。不久两人私定终身，背着海因斯举办了婚礼。当海因斯发现这一切时，为时已晚，也无可奈何，于是安排儿子去做木匠，并以此为生。然而凯瑟琳并不满足于这样的乡村生活——她想不断地超越平庸。她向往伦敦，向往伦敦能带给她的一切。接着，凯瑟琳开始慢慢给自己的新婚丈夫施压，最终说服丈夫和她一起去伦敦开始新生活。夫妇俩在伦敦租了一套公寓，没过多久他们便成为事业有成的煤炭商人、放贷商人和当铺商人，就这样他们迅速积累起一大笔可观的财富。后来，凯瑟琳招揽了两个房客，一个叫托马斯·伍德，一个叫托马斯·比林斯。

　　一个叫本尼特的管风琴制作学徒，也在圣玛格丽特教堂前观看被割断的头颅。看完之后，他觉得他应该去位于泰伯恩路(现名牛津大街)的凯瑟琳家中一趟，告诉她他觉得那颗头颅是她丈夫的，因为他曾经和她丈夫一起共事过。听了本尼特的话，凯瑟琳异常激愤，一边告诉他约翰现在很好，一边警告他如果再传播这种无聊的不实的谣言，她就叫警察来逮捕他。

　　但是另一个叫塞缪尔·帕特里克的人也看到了那颗头颅，并确信他认出了这颗头颅。下午他把这个消息告诉了道格&戴爱尔酒吧(Dog and Dial Pub)的每一个人，他说那颗头颅和泰伯恩路的约翰·海因斯的相貌惊人地相似。

　　恰巧，凯瑟琳的一名房客托马斯·比林斯此时正在酒吧里。他向众人解释说约翰·海因斯一切正常，他早上出门的时候，约翰还在甜美的梦乡呢！尽管托马斯·比林斯如是说，海因斯的很多朋友仍然心存疑虑。结果一个名叫阿什比的男子终于忍不住好奇找到了凯瑟琳,当面向其询问丈夫约翰的事情。谁料凯瑟琳的解释却出人意料,她说:约翰因为口角之争误杀了一名男子,为躲避命案,他已经逃往葡萄牙了。很显然阿什比完全不相信这种解释,因为比林斯也从来没有提到过如此戏剧性的事件。海因斯的另一位朋友,朗莫尔先生,也向凯瑟琳问及此事,无独有偶,他也觉得凯瑟琳的解释不可信,甚至很可能是一派胡言。于是阿什比和朗莫尔先生决定一起去面见法官,法官得知情况后,也觉得情况十分可疑,于是下令逮捕凯瑟琳。结果发现凯瑟琳竟然和比林斯躺在一张床上。这两人以及另外两位房客——托马斯·伍德和斯普林盖特夫人——当即被拿下。

凯瑟琳要求见那颗头颅,教区警察答应了她的要求。当她看到那颗头颅时,她将酒坛高举过头顶,戏剧性地大声尖叫:"哎呀,这真的是我亲爱的丈夫的头颅呀!"说完便开始亲吻那酒坛。似乎这还不足以表达她内心的情感,接下来出现的是法医检测史上最离奇的一幕,她抓住那颗腐烂得不成样子的头颅的头发,将其从酒坛中提了出来,然后充满激情地狂吻那头颅的嘴唇。之后,凯瑟琳请求留下死去的丈夫的一绺头发,教区警察这回拒绝了她的要求,说那颗头颅太血腥了,况且她的手上已经沾满了血污。听到这话,凯瑟琳晕了过去,或许是因为意识到自己戏剧性的表演没能糊弄所有的人吧!

事实证明托马斯·伍德是犯罪团伙中最懦弱的一个。对他进行审讯,没多久他就坦白招供了。原来他和托马斯·比林斯都是凯瑟琳的情夫。由于厌倦了丈夫的"自私和狭隘",凯瑟琳便说服他俩将其夫杀害。他们用六品脱酒将其灌醉，在其酣睡时，比林斯一斧子敲在了约翰的头上。然后将斧子递给伍德，并告诉他自己的任务已经完成了，这样就能确保谋杀一事是他俩一起干的。伍德抡起斧子又在约翰·海因斯的头上连敲了几下，直到他们确定他已经死了。之后他们将约翰的头支在酒桶上，用一把利刃将其割下。凯瑟琳觉得应该将头颅煮熟，这样就无法辨认头颅的面部特征了，可是伍德和比林斯觉得这样做太丧尽天良了，所以他们不肯这么做。于是两人便将约翰的头颅装在酒桶里，扔在了泰晤士河岸边的泥滩上。回到家中，他们将剩余尸体进行肢解，然后扔进了马里尔伯恩的小河里。当对河水进行清淤的时候，毫无疑问尸体就被发现了。

凯瑟琳·海因斯被指控的罪名不是谋杀，而是"叛家罪"——她的丈夫本是一家之主，而她却背叛了自己的丈夫。对此罪名的刑事处罚不是绞刑，而是更残酷的刑罚——烧死在火刑柱上。得知此判决，凯瑟琳承认自己是同谋，她以为这么做就能被判处与伍德和比林斯一样的刑罚，然而她的努力只是徒劳，她还是被判了火刑。

被囚狱中时，凯瑟琳企图服毒自杀，显然是不希望自己那么痛苦地离开人世。然而，她终于没有如愿，1726年5月9日她如期被活活烧死在了泰伯恩行刑场——也就是现在大理石拱门的所在地。通常情况下，出于对受刑者的怜悯，在火苗烧到他们之前，他们就已经被勒死了。然而凯瑟琳比较不幸，她的行刑者在准备将其勒死的时候烫伤了双手，所以她真的是被活活烧死的。她在火中挣扎的时间超乎所有人的想象。据说整个伦敦城都能听到她凄惨的叫声。她是伦敦城因"叛家罪"而受火刑的最后一名女性（然而处死后再对女性尸体进行焚烧一直延续到1790年）。

在上述案例中，受害者的真实身份之所以能被确认是因为恰巧有几位认识受害者的人看到了那颗被割断的头颅。然而，我们也不难想到：如果不是因为巧合和运气，也许犯罪分子就得不到相应的处罚了。同样，如果头颅像凯瑟琳设想的那样被煮熟了，那么即使是很熟识的朋友，也未必能确认受害者的身份。这也就是说我们需要更好的方式来进行人身同一认定，尽管这花去了我们一百多年的时间。

在处理盗窃案时，警方遇到的一大难题是如何确定罪犯是不是惯偷。比如说警方在诺丁汉逮捕了一名盗窃犯，或许他在伦敦、利物浦或者诺维奇也作过案，但是由于没有证据能证明这一点儿，当局也只能判给他一个罪名。随着交通基础设施，比如越来越多的铁路系统的不断发展和完善，上述情况也愈演愈烈：犯罪分子很容易在全国范围内流动作案，作案地点多且时间短，最要命的是警方并没有跟踪他们的系统，所以犯罪分子流动作案的现象很普遍。

法国科学家阿尔丰瑟·贝迪永（1853—1914）在解决这个问题上迈出了第一步。事实上他取得的这一研究成果得益于好多人的启发和熏陶。比利时天文学家兰伯特·克托莱便是其中一人，很多人将其称为现代统计学之父。在他1835年出版的《论人类的发展能力》（1842年出版了英译本，书名被译为《论人类及其能力的发展》）一书中，他试图运用统计的方法来找出问题的答案。当贝迪永的父亲路易斯·阿道夫还是一名医学专业的学生时,他就对克托莱的"社会物理学"的设想十分痴迷。1848年法国革命时期,他和自己的一位老师——阿希尔·姬拉德教授——对"社会物理学"也十分感兴趣,他们共同经历了六个月的牢狱生活。(姬拉德被认为是危险的自由主义学者,他一直致力于研究和发展人口统计学,这是一门研究区域群体和种族的学科。)这两人一定相处得很好,因为不久之后姬拉德就把自己的女儿佐伊嫁给了路易斯·阿道夫。接着姬拉德和路易斯·阿道夫在巴黎创办了一所人类学院,就这样二人正式开始了对这门新科学的研究和探索。毫无疑问,贝迪永的研究工作源于克托莱和姬拉德的间接熏陶以及父亲的耳濡目染。

然而对贝迪永来讲,生活的起点并不容乐观。小时候,他是个叛逆的孩子,常常被人称作怪才。他的德语老师对他深恶痛绝,于是辞去了学校的工作,他也因此被学校开除了。1866年妈妈的离世让他的行为变得更加古怪和恶劣。成年后,他的生活也几经波折:他的第一份工作是在英国执教,接着他又当了几年兵,最终他到了警署从事文书工作,这才总算安定了下来(找到这份工作全凭父亲当时的影响力)。然而这份工作只是无聊和乏味的重复,这几乎让他丧失了创造力。为了给无聊的生活增添些趣味性,他决定加入到探索人身同一认定问题的行列之中。很快他就发现警方使用的绝大多数技术手段,说好听点儿,只是在探索,说难听点儿,没有什么实质性作用——因为没有行之有效的体系对身份进行确认和识别。受克托莱1871年出版的《人类能力测量》一书的启发,贝迪永推想:如果人类的能力可以被测量和记录,那么身体特征也一定可以!

于是他开始了对人身同一认定方法的研究工作,今天我们将其称为"照片拼凑人像法"。他先将不同的照片进行剪切,然后将这些碎片拼贴在硬纸板上,将人物的各个部位(如耳朵、眼睛、鼻子、嘴巴等)进行重新拼合,这样就能形成一张综合多张照片的局部而合成的照片。利用这样的照片,目击者就能够联想到自己见过的与其长相类似的人。到今天为止这种人身同一认定的方法依然在使用着,只是更为完善些。

最初贝迪永的这个方法并没有得到多数人的认可,他的很多同事对此表示怀疑,因此支持他的人数寥寥无几,然而他并没有因此而动摇。有了克托莱和自己父亲前期的工作,他看到:通过统计,人类的特质趋向于群组化分布。他明白世上没有两个尺寸完全相同的人——这是法国所有的制帽匠和裁缝多少年前就明白的道理。他意识到如果能够设计出一种简便快捷的方法测量犯罪分子的不同部位的尺寸(例如:头围、臂长、腿长以及指长等等),这样就能够用这些尺寸去匹配通过检测通道的任何一个人了。通过这种方式,他就能很快地确定通过者告知的名字是否属实,或者如果事先不知道通过者的名字(因为通过检测通道的也可能是尸体),进行人身同一认定后才能知道他的名字。此后他一直坚持不懈地努力,希望设计出一种使用简便的卡片索引,卡片中存储着所有的个人信息。深思熟虑之后,贝迪永对自己关于人身同一认定方法的设想十分满意。

他满怀希望地向他的主管路易丝·安德里厄提交了一份关于此项研究的报告,然而安德里厄根本没把他的报告当回事儿。贝迪永不是一个轻言放弃的人,他又提交了第二份报告,这份报告比第一份更加详尽。最终这份报告引起了安德里厄的重视,并派人去办公室请他,贝迪永一听激动得心花怒放。原本以为会听到一堆赞赏的话,可事实并非如此,安德里厄竟然对他的想法嗤之以鼻。贝迪永试图向安德里厄解释,他却充耳不闻;最终贝迪永被赶出了安德里厄的办公室,于是他沮丧地回到了自己的办公桌前。似乎这还不够,安德里厄又给贝迪永的父亲写了一封信,信中痛斥他的儿子是个"十足的疯子"。尽管大家对贝迪永的评价毁誉参半,但幸运的是,他的父亲对此不以为然;贝迪永将自己的报告交给了父亲,父亲读得兴致勃勃,并赞许贝迪永的想法十分重要。同时还语重心长地说:"如果你的设想得以实现,那么就证明我的一生都在做一件事情,那就是证明人类个体的独特性。"贝迪永的父亲一向矜持冷漠,然而这一次贝迪永却看到他眼里闪着泪光。

尽管得到了父亲的支持,然而贝迪永发现公开提出自己的想法并没有那么容易,因为安德里厄不允许他将这种想法付诸实践。安德里厄根本算不上一个明智的人,不过也可能是因为他嫉妒下属的能力和学历。尽管现实不容乐观,贝迪永依然没有放弃心中的想法,他依然坚持不懈地向每一个能够帮助和允许他实践设想的人诉说他的测量方法。随着时间的推移,他升职了,安德里厄退休了。接替安德里厄职位的是吉恩·康姆克斯。尽管他比前任有见识,但是他对贝迪永的方法依然心存疑虑。于是贝迪永的父亲登门亲自劝说,再加上埃德加·德曼格法官的干预,一年之后康姆克斯才最终同意认真对待贝迪永的想法。1882年11月，康姆克斯让贝迪永用3个月的时间证明他的理论的可行性。如果3个月内，他能够用他的方法成功识别出一个惯偷，那么康姆克斯就同意继续进行实验。面对这样严峻的考验，贝迪永也知道3个月的时间或许真的不够用，然而他毅然决定接受这样的挑战。

第二天，在该州任命的两名职员的帮助下，贝迪永开始了此项工作。他很清楚在指定的时间内识别出一个罪犯是件很不容易的事情，但是他主意已定：只能成功，不能失败！前两年的探索努力中，他总结出一个方法，其中包含了人体的11种具体尺寸。据他的预测，人群中出现11种尺寸完全一致的概率是四百万分之一。另外，贝迪永在每一份人身同一认定的档案中都增加了两张照片，一张正面照片，一张侧面照片。同时还包括肖像说明，描述中包括对人物个体特征的概述，例如：纹身、痣、胎记、伤疤等一些能够帮助警方确认犯罪嫌疑人身份的个体特征。这些详细的档案卡都存储在档案柜的抽屉里。

从1882年12月到1883年1月，贝迪永不知疲倦地为这项工作奔波劳累着。就这样，三个月的最后期限越来越近了，他开始有些焦虑不安了；他甚至想到了去恳求康姆克斯延长期限。这时候诋毁的人越来越多了，其中也包括法国著名侦探古斯塔夫·梅斯，他觉得这项实验简直是对时间和金钱的浪费。

时间来到了2月底，贝迪永的工作终于有了突破。就在他马上就要被迫回家前的某一天，他看到了一位自称杜邦的嫌疑犯，那张脸似乎感觉很熟悉，而且贝迪永发现在他的左边眉毛下面有一颗痣。于是贝迪永运用自己的方式展开了调查。他先进行了必要的测量,然后开始浏览他的档案索引卡。事后据在场的人透露,贝迪永满怀期待地搜索着,手都有些颤抖。最终他在档案卡中找到了和测量结果相匹配的尺寸,于是他宣布这个被拘留的嫌疑犯的真实名字是马丁,1882年12月15日他因盗窃名酒被捕入狱。因为不但测量尺寸完全匹配,就连眉下有痣的肖像说明也完全一致。最终,马丁被捕入狱时的照片说明他和杜邦确为同一人。刚开始马丁企图隐瞒自己的真实身份,然而面对贝迪永的证据,他不得不承认自己撒了谎。这是贝迪永取得的巨大胜利,事实上也是他父亲取得的巨大胜利。不幸的是,此后没过几天这位父亲就离开了人世;幸运的是,他亲眼看到了儿子的人体测量法和自己毕生的研究成果有了价值。

在接下来的几个月内,贝迪永又继续成功确认了好几个犯罪嫌疑人的身份。这说明他的方法是有效的。后来连古斯塔夫·梅斯也不得不承认贝迪永单枪匹马的研究成果极大地促进了19世纪执法手段的进步。短短几年之内,"贝迪永人体测量法"一词不但成为法语中的固定词汇,而且成为很多语言中的固定词汇。

贝迪永的人体测量法不仅可用于对生者的人身同一认定,而且也能用于对死者的人身同一认定。一名督察请贝迪永帮忙确认一具被击毙并被丢弃到河流中的尸体的身份。由于尸体被发现前已经在水中浸泡了两个月之久,所以可想而知,尸体已经面目全非,根本无法从面部确认尸体的身份。于是督察只能寄希望于贝迪永了,即便如此,他依然觉得成功的希望比较渺茫。但是贝迪永通过正常的程序:对尸体进行测量,然后对照他

阿尔丰瑟·贝迪永通过人体测量学来确认罪犯身份的方法使得刑事侦查有了革命性的突破。

的卡片索引。他成功地找到了匹配的尺寸(至少有五个尺寸是匹配的),更令督察吃惊的是,他竟然还发现此人在一年之前被判处过暴力袭击罪。由于尸体的身份得以确认,督察很快便发现了凶手的行踪并将其捕获。

鉴于贝迪永人体测量法的屡屡成功，1888年该州成立了一个新的司法鉴定部，同时贝迪永成为该部的第一任部长。虽然他已经取得了很多成就，但是他还需要继续努力——1892年贝迪永参与的一个案件让他的名字在法国变得家喻户晓。此案涉及拉瓦肖尔，他是一名臭名昭著的无政府主义者，也是法国当时闻名遐迩的罪犯。

拉瓦肖尔——真名为弗朗索瓦·克劳迪亚斯·柯尼希施泰因，1859年出生在位于卢瓦尔河的圣西蒙，父亲（吉恩·亚当·柯尼希施泰因）是荷兰人，母亲（玛丽·拉瓦肖尔）是法国人。弗朗索瓦八岁的时候，父亲就离家出走了，留下他和母亲、姐姐、兄长以及侄子相依为命，从此他就把自己的名字改成了母亲的姓。他做过一段时间的染工助理，不过时间不长。随后他靠在社交舞会上拉手风琴赚钱养家糊口。

在法国流离失所四处找工作的日子（通常工作的收入都很微薄）激起了拉瓦肖尔对资本主义的憎恶。18岁的时候他开始读尤金·苏的《流浪的犹太人》，也就是那个时候他开始加入了一个集体主义者的圈子。就这样他变成了一个坚定的无神论者、社会主义者和无政府主义者。像书中的流浪者一样，他也在很大程度上受到皮埃尔·蒲鲁东、迈克尔·巴枯宁以及彼得·克鲁泡特金王子思想的影响。克鲁泡特金认为动物世界的种种迹象表明动物的生存靠的是一种"互助"机制，因此他说如果人类能够摆脱自己的立法者、法官、警察以及国会议员等等，那么人类也能够以同样的方式生存。蒲鲁东认为只有在无政府的状态下人们才能生活得和谐理性。

1891年5月1日，克里希的无政府主义示威游行最终被警方驱散了。示威游行的几位领袖均不幸被捕，并遭受了严刑拷打，其中两位领袖被判长期监禁。审理此案的首席法官是法律总顾问里昂·布劳特；审理期间检察官本笃曾建议对无政府主义者判处死刑。六个月之后，里昂的家被人炸毁；其后不久，本笃的家也被人炸毁。接着警察和政府安全机构便进入了对肇事者的全面搜索和调查阶段。

有人向政府间谍通风报信说一个名叫洲马丁的人与此事有关。于是调查迅速展开，发现洲马丁是圣但尼的一名教师，并将其逮捕接受"审讯"，审问之下，他最终承认自己只是参与策划了此次爆炸事件，而实施者是一个名叫雷格的无政府主义狂热分子。很快当局就发现雷格事实上是一位名声昭著的革命者——此人正是拉瓦肖尔。1891年拉瓦肖尔曾因为谋杀一位福雷山区的老人以及保姆而被捕入狱。没想到他竟从狱中逃跑了。同年年底，圣艾蒂安的一家五金店被盗，开店的两位老妇人也被谋杀。描述中的凶手与拉瓦肖尔出奇地一致。

法网恢恢，拉瓦肖尔最终在巴黎北站的韦里餐厅被捕，原因是餐厅里的一位目光敏锐的服务员发现了他左手上的伤疤，并联想到当局公布的拉瓦肖尔材料中有一段对伤疤的描述，于是他马上报了警。警方抓捕拉瓦肖尔时，他像疯了一样反抗，为了将其制服，警方不得不采用一些非常手段。最终警方将其带到了贝迪永所在的州，贝迪永记录下了拉瓦肖尔的身体尺寸，却没有对其进行拍照（因为他已经被警方打得鼻青脸肿）。几天之后终于可以给拉瓦肖尔拍照了，令人惊讶的是，拍照的时候，他竟然静静地坐在那里没有丝毫反抗。之后贝迪永送给他一张裱好的照片,拉瓦肖尔十分激动,忍不住地说:"贝迪永真是一位绅士啊!"

绅士与否暂且不论,重要的是贝迪永很快确认了拉瓦肖尔的身份,此前他曾因为走私盗窃被捕入狱,作案时用的是他曾经的名字柯尼希施泰因。确认这一点至关重要——这就意味着警方寻找的谋杀老人和两位五金店老板的凶手以及盗墓等罪行的作案者正是他!第一次受审时,拉瓦肖尔由于其无政府主义的行为被判终身监禁;第二次受审时,由于谋杀罪和盗墓罪被判死刑。令广大参与运动的无政府主义者失望的是,最终拉瓦肖尔坦白了自己的罪行。克鲁泡特金等人公开指责他不是一个合格的革命者,他只是歌剧院里的一碟小菜(只能在喜剧中派上用场)。此言一出,公众对拉瓦肖尔的所有怜悯瞬间烟消云散。走上断头台时,他大声疾呼:"畜生们,再见!无政府主义,万岁!"下面对这个悲剧性的故事作些补充说明:就在参与运动的无政府主义者还对拉瓦肖尔抱有一丝希望的时候,一群无政府主义者为了对他表示支持,炸毁了他被捕时所在的餐厅,并杀害了餐厅老板和一名顾客。

此案中贝迪永的人体测量法起到了至关重要的作用,于是一时间贝迪永成了法国家喻户晓的名字,被赞誉为巴黎的"福尔摩斯"。事实上,福尔摩斯的故事"巴斯克维尔的猎犬"中提到过贝迪永——一名客户将福尔摩斯称之为"欧洲第二强",仅次于贝迪永。贝迪永第二次出现是在"海军协定"这个故事中,故事中提到福尔摩斯"向这位法国学者表达了仰慕之情"。

毫无疑问,贝迪永的人体测量法帮助警方成功破获了无数起案件。然而,事情不是一成不变的,很快确认身份的新方法便出现了。

几千年前人们就观察并注意到了指纹。例如人们在埃及墓穴墙壁上发现的指纹,以及多元文化中用作装饰图案的指纹。更令人惊讶的,或许那个时候人们就已经粗略地感受到指纹能够代表个人的身份;在4000年前的古巴比伦,指纹有时候用于密封法律合同。之后,大约在公元300年,中国将掌印作为盗窃罪判刑时的证据;公元650年,中国的历史学者贾公彦提出指纹可以作为一种身份鉴定的方法。然而对指纹具有内在独特性的观点进行科学的描述或者研究,是在提出此观点几百年之后的事情了。

1684年英国著名植物学家尼希米·格鲁(1641—1712)发表了一篇描述分布于手指和手掌的脊线结构的文章。大约一个世纪之后,德国解剖学家约翰·迈尔首次公开论证了没有两个完全相同的指纹;也就是说每个人的指纹都具有唯一性。毫无疑问,这一理论对法医学的发展起到了极大的推动作用,然而这一理论运用于实践还要晚得多。真正将其作为一个正式体系运用于实践的第一人当属英国驻印度公务员威廉·赫歇尔先生。他利用指纹主要是为了防止敛财的骗子冒名顶替孟加拉士兵领取他们的养老金。每个士兵都必须在他们的养老金领取簿上印上指纹,领取养老金的时候也需要提供指纹信息。这样想冒名顶替的骗子很容易就被发现了,需要做的只是对比他的指纹是否与养老金领取簿上的指纹一致。这个方法确实十分有效,然而孟加拉监狱的总监察长并不赞同赫歇尔的想法,他坚决反对建立这样一个庞大的体系去核对指纹进行归类和分析。赫歇尔回到英国时,已经是1879年了。

差不多在同一时期,苏格兰外科医生亨利·福尔茨(1843—1930)正在日本东京筑地医院给医学学生教授生理学课程。在教学期间,福尔茨无意间看到了陶罐上留有陶工的指纹印记。他发现那些指纹印记之间都有差别,觉得挺有意思的,于是开始研究指印上"涡纹"(也就是通常说的"斗")的差异性。几年后,他的这项纯学术性的研究得到了广泛的应用。1879年,在调查一起东京的入室盗窃案时,日本警方在石灰粉刷的墙面上发现了一些脏乎乎的指纹印记。当警方抓获了犯罪嫌疑人时,他极力宣称自己是清白的。听说福尔茨对指纹研究很感兴趣,警方便找到他寻求帮助。福尔茨采集了犯罪嫌疑人的指纹,并将其与案发现场发现的指纹印记做了对比。很快发现这两套指纹有着显著的差异,于是那个嫌疑人被无罪释放了。几天后,警方捕获了另一名犯罪嫌疑人;这次两套指纹完全匹配,接着罪犯很快坦白了自己的罪行。

福尔茨在《自然》杂志上发表了他的第一篇关于指纹的文章。文中讨论了人身同一认定的有用性并且提供了一种用墨水采集指纹的方法。当赫歇尔从印度回来的时候,听说了福尔茨发表的文章,觉得"他的"研究成果被人窃取了。于是两人通过《自然》杂志互通了信件,言辞都比较强硬。但事实上他俩都独立地为使指纹鉴定(更恰当的叫法是指纹学)成为人身同一认定的一种方式作出了各自的努力。

当福尔茨从日本回到英国的时候,已经是1886年了。当他向伦敦警察厅阐述了自己的想法时,他们竟然充耳不闻。于是他决定写信,写给包括查尔斯·达尔文在内的所有的他认为能够听取他的想法的人。尽管达尔文对福尔茨的想法很感兴趣,但是觉得自己年事已高而且又久病卧床实在是心有余而力不足。于是他想到了自己的表弟弗朗西斯·高尔顿,他对人类学很感兴趣,并将此事告诉了他。高尔顿是一位冒险家、探险家、气象学家、心理学家,同时他也是贝迪永人体测量法的忠实信奉者。他不但在英国科学研究所就贝迪永人体测量法做过演讲,还亲自去巴黎拜访过贝迪永本人。尽管贝迪永的人体测量法给高尔顿留下了极为深刻的印象,但是他觉得这种方法过于复杂。同时他感觉指纹鉴定极有可能成为确认身份的更简便的一种方法,可是他认为自己不适合参与到这个新兴的领域中——于是高尔顿把福尔茨推荐给了伦敦人类学会。几年之后,当高尔顿再次关注到这个话题时,威廉·赫歇尔已经在这个领域声名远播了,所以他没有联系福尔茨,而是联系了赫歇尔。高尔顿和赫歇尔一见如故,很是投缘,于是赫歇尔把自己手头的材料都交给了高尔顿,他打算将指纹鉴定作为一种重要的人身同一认定方法纳入法医学词汇当中。

他需要找到一种恰当的分类方法。他明白无论哪种分类方法,简单明了是最重要的——之前尝试的分类方法都相当冗繁复杂,正因为如此,当局对于将指纹鉴定运用于实践一事始终心存疑虑。高尔顿开始观察纹线构成的图形和排列形式,他发现绝大部分指纹中间部位有一个"三角形",那里分布着很多脊线。这个三角形被称作三角区域，通常分为以下四类：无三角、左三角、右三角和多三角。1891年，高尔顿就自己在指纹领域的研究成果在《自然》杂志上发表文章。在文中他提到赫歇尔对自己的此项研究给予了极大的帮助，但是对福尔茨却只字未提，这让福尔茨十分恼火。第二年，高尔顿出版了他的第一本在这个领域的著作《指纹》。他在书中论证了世界上出现完全相同的指纹的概率为六百四十亿分之一。此文一经发表便极具影响力，当时的英国内政大臣（也就是后来的英国首相）是赫伯特·阿斯奎斯，那个时候他正在考虑将贝迪永的人体测量法引进国内。

研读了高尔顿的《指纹》之后，阿斯奎斯决定成立一个委员会，对这两种方法进行细致的研究和比较。他任命一位名叫查尔斯·爱德华·特鲁普的内政部官员为调查委员会的负责人。支持此次调查的还有两位：一位是梅杰来·亚瑟·格里菲斯，因出版《警察与犯罪之谜》小有名气；另一位是梅尔维尔·麦克诺登爵士，后来成为伦敦警察局助理局长。尽管他们都很赞同指纹鉴定的想法，因为这种方法相对简便些，但是他们也有疑虑，因为高尔顿还没有成功地将他研究的内容归纳和提炼成一个完善准确且易于操作的实用体系。同时这个调查委员会还去了巴黎，拜访了贝迪永，并对人体测量法深信不疑，然而这个方法的弊端是过于复杂。如何选择呢？他们一时间拿不定主意。就在他们举棋不定的时候，其他国家已经做出了他们的选择：奥地利在犯罪学之父汉斯·格罗斯的引导下选择了贝迪永人体测量法，德国也做出同样的选择。最终英国做出了折中的选择，委员会决定同时引进人体测量法和指纹鉴定法。

然而历史上将指纹运用到法医鉴定的第一人当属阿根廷警官胡安·布塞蒂奇。布塞蒂奇身强力壮且精力充沛，1891年，也就是他在阿根廷居住的第七个年头，他当选为拉普拉塔警察署统计局局长。他和他的团队接到上级指示，要引进贝迪永的人体测量法，上级要求他们马上开始着手测量人体并对其做数据统计。然而就在测量和统计期间，布塞蒂奇无意中在《科学》杂志上看到了介绍高尔顿指纹鉴定的文章。此文的作者H.德·瓦里尼高度赞扬了高尔顿指纹鉴定的概念，但是作者同时指出——尽管高尔顿已经取得了很大的成就——指纹分类的问题还有待解决和完善。

布塞蒂奇对指纹鉴定的想法产生了极大的兴趣，并决定挑战一把。很快，他发现三角区域是指纹的重要特征，而且三角区域分为以下四个种类：无三角区域、右三角区域、左三角区域和俩三角区域。如果针对四指，这四种类型分别被命名为1、2、3和4；如果针对拇指，这四种类型分别被命名为A、B、C和D。举例说明就是嫌疑犯的指纹可能被记录为：B、3、3、4、2。这种方法便于存储和分类，也易于进行匹配核查。

不幸的是布塞蒂奇和多年前的贝迪永命运相仿，他的上级对指纹鉴定一点兴趣都没有，不过好在冥冥中自有天意。1892年6月在距阿根廷首都布宜诺斯艾利斯不远的一个被称作内科切阿的沿海小镇发生了一起双尸案。此案的受害者是两个可怜的孩子：一个是4岁的女孩，另一个是6岁的男孩。他俩均是被重物猛击致死。他们的母亲是一位26岁的未婚妈妈，名叫弗

## 第一章 人身同一认定

朗西斯卡·罗哈斯。她不但发现了两个孩子的尸体，而且声称自己看到一名男子从案发现场逃跑。这名男子是自己的情夫，名叫贝拉斯克斯，是一名农场工人。她说贝拉斯克斯为了逼迫自己嫁给他，常常威胁和恐吓自己和孩子们，自己对他的这种行为已经忍无可忍了。当她回到家中的时候，贝拉斯克斯匆匆从家中逃走，结果发现两个孩子浑身是血，已经死在了床上。

最终贝拉斯克斯被警方逮捕并接受了警方的审讯。审讯过程中贝拉斯克斯受了不少皮肉之苦，即便如此，他依然辩护说自己是清白的。警方还运用了一些"中世纪"的手段，例如：把他绑起来，整晚都让他和被害的孩子尸体待在一起。这些方法也没能产生效果，他仍然坚持说自己和谋杀案无关。贝拉斯克斯受尽皮肉之苦却始终不肯认罪，警方开始有些怀疑了：难道此案另有隐情？不过警方还是决定再等一周看看情况。一周之后，贝拉斯克斯已经体无完肤，但他还是不承认自己有罪。

其后警方将犯罪嫌疑人锁定到了孩子的母亲弗朗西斯卡·罗哈斯的身上，因为警方发现她还有一个更年轻的情夫，据说他不愿意和罗哈斯结婚就是因为她有两个非婚生的孩子。于是调查此案的官员阿尔瓦雷茨下令逮捕了她，审讯她的方式和手段与贝拉斯克斯如出一辙。为了让她尽快坦白自己的罪行，阿尔瓦雷茨将她绑在她家的门前，让孩子的灵魂来找她报仇；甚至他还派人在远处制造噪声，让她以为这些人是来带走她邪恶的灵魂的。

但是最终这些方法都失败了，没办法他只好重新观察案发现场。没过多久，他在一扇门上发现了一个血印。经过仔细观察和辨认,他发现这个血印是个指纹印记,这真是个重要的发现啊!于是他将带有血印的木板从门上取了下来并带回警察局。接着他采集了弗朗西斯卡·罗哈斯的指纹,然后和案发现场的指纹做了对比。结果发现这两个指纹完全一致。当他问弗朗西斯卡·罗哈斯发现孩子死后有没有碰过孩子时,她的回答是没有。阿尔瓦雷茨听了她的回答,问道:如果真是这样的话,门上怎么会留下你的带着血的拇指印记呢?阿尔瓦雷茨拿出了证据,罗哈斯不得不承认是自己用大石头砸死了两个孩子,目的只是为了和她那个年轻的情夫结婚。最终罗哈斯被判终身监禁。于是此案变成了公认的第一起用指纹鉴定的方法破获的案例。

罗哈斯案对布塞蒂奇的作用就像拉瓦肖尔案对贝迪永一样,布塞蒂奇一下子成了阿根廷名气最大的侦探。1896年,阿根廷采纳了指纹鉴定法,并将其作为他们最主要的一种身份鉴定方法。就这样,在20世纪的第一个十年里,北美的主要国家都陆续采用了这种方法。在英国,高尔顿还在继续为指纹的分类问题忙碌和努力着,他不知道好运和意外的收获已经悄悄向他靠近了。

一位名叫爱德华·理查德·亨利的公务员在尼泊尔任警察总监一职。1891年,他将贝迪永的人体测量法引入当地,为了使这个方法更便捷更简单,他将人体测量法中的11个尺寸指标减少到了6个。即便如此,他依然认为这个方法过于复杂,同时他发现冗繁的测量任务严重挫伤了办事人员的工作热情,久而久之,他们连"几厘米"的差距都浑然不觉,而且出错的频率越来越高。

亨利回到英国的时候，拜访了高尔顿。两人相处得很好，当亨利回到加尔各答的时候，还随身携带着高尔顿所有的笔记。亨利也注意到了分类确实不是一件容易的事情。1896年在一次火车旅途中，脑子里不知怎么就灵光一现，他突然想到如何利用三角区域（即指尖上的三角图形）来鉴别身份的同一性了。他发现三角区域可以分为以下几个明显的类型。他观察到这个三角区域无非是由两种方式形成的：一种是一条脊线末端分叉；另一种是两条平行脊线突然向两侧分开，另外这些三角区域很容易进行几何测量。想到这些，他认为自己需要做的是给三角区域设定一个界限或者说设定"外界限和内界限"。在内外界限中间画一条线，然后用针数一下有几条与之平行的线，有几条与之相交的线。这个数目是亨利分类的核心。这样的话，大量的指纹其实只分为两类：一类是简单的环形花纹；一类是三角区域。然而也会遇到个别一些特例，亨利将其称之为"偶然"（这些指纹不属于任何一种分类），好在可以将其归类到常规体系中，这也就意味着他已经找到了一种对指纹进行分类的可操作的方法。到1897年时，指纹鉴定已经成为印度用于刑事鉴定的主要方法。到1902年，靠指纹鉴定成功破获的刑事案件数目已经达到了贝迪永人体测量法的三倍之多。

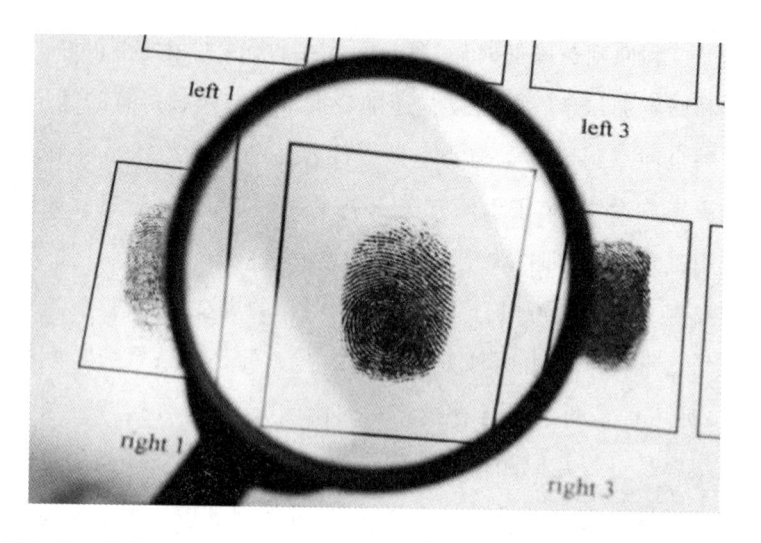

图中展示的是现代警方存储的指纹记录中的"斗"。亨利的指纹分类系统中描述的三种指纹类型——弧、斗和弓——共同组成了指纹最主要的几种变化形式。

看到指纹鉴定已经几乎取代了自己的人体测量法,贝迪永竟然出人意料地——也是最值得称赞的——欣然接受了指纹鉴定的价值。事实上,1900年的时候,贝迪永就将指纹鉴定增加到了自己的档案中,这种做法真的非常难能可贵。1902年10月7日,贝迪永被请到了圣奥诺雷街谋杀案现场。此案的受害者是一位名叫约瑟夫·雷贝尔的保安。他被发现时正坐在椅子上,衬衣下摆被拽到了裤子外面,双腿向前伸着。很明显他是被凶手用手掐住脖子窒息而死的。屋子里一片狼藉,家具东倒西歪,很明显有打斗的迹象。另外还发现屋子里的几个抽屉和柜子被强行撬开了,大家都认为罪犯作案的动机是抢劫。但是贝迪永却不以为然,因为抢劫那些钱财根本犯不着杀人。

一个打碎的玻璃橱上留下了一些血迹，说明罪犯很有可能也受了伤。一个警察巡长想去捡那些玻璃碎片，贝迪永却阻止了他；因为贝迪永看到了玻璃上的指纹。事实上，那血印正好展示了凶手完整的一套指纹。于是贝迪永小心翼翼地将那些玻璃碎片带回到自己的实验室里，并用相机把指纹拍了下来。他拍到了一张十分清晰的照片，包含三个指印和一个拇指印。

很显然贝迪永要做的是找到拥有和照片上一样指纹的人，但前提是这个凶手的指纹有过记录。最开始的搜索结果不容乐观，但是通过贝迪永不懈的努力搜索，令人欣慰的是最终情形和他经历过的杜邦案类似，他果然发现了相匹配的指纹。拥有这个指纹的是一位臭名昭著的骗子，年仅25岁，名叫亨利·里昂·谢弗。警方很快找到了谢弗的行踪，并一直追踪到法国东南部的马赛市，正当警方准备逮捕他的时候，他自己出来自首了，承认自己就是谋杀案的真凶，并解释说他和雷贝尔本来是同性恋人，但由于意见不合发生口角，于是他就将雷贝尔杀害了，偷盗钱财完全是为了掩人耳目。这是指纹鉴定取得的又一次胜利，也是贝迪永取得的又一成就，就这样他成为欧洲历史上利用指纹破获谋杀案的第一人。尽管如此，他依然没有将指纹作为最主要的刑事鉴定的方法，因为他不想放弃自己的人体测量法。贝迪永不愿意承认指纹鉴定是一种可以独立运用的人身同一认定的方法，也不愿意承认指纹鉴定比自己的人体测量法更好更实用，他能够接受并承认的是指纹鉴定是一种鉴定人身的补充方式，否则，就意味着他用毕生心血研究出来的方法将不再得到广泛而有效的运用了。

差不多是在世纪之交的时候,指纹鉴定开始在英国显示它巨大的价值。在1902年的德比日,伦敦警察厅邀请了几位著名的指纹专家来到赛马比赛现场。从1780年第一次赛马比赛开始,德比就成了扒手以及其他罪犯选择的最佳作案地点,于是他们从全国各地聚拢而来。那一整天指纹专家都在忙着采集被捕嫌疑犯的指纹,之后他们将采集到的指纹与档案中的指纹进行对比和核查,发现接受指纹采集的54个人当中有29个人都有犯罪前科。第二天这些指纹被送到了当地法官那里,于是这些指纹就被记录在案了。由于铁证如山,那些有前科的人便被捕入狱,拘留的时间至少是初犯者的两倍。

然而在英国真正利用指纹破获谋杀案是在1905年,与其对应的案件就是臭名昭著的德普特福特谋杀案。

1905年3月27日,威廉·琼斯早上8:30就来到了德普特福特商业街的日用品商店,因为他在那里上班。奇怪的是,门竟然还没有开,要是平时店主早该开门了!店主是71岁的托马斯·法罗,他和65岁的妻子安妮就住在商店顶层的小公寓里。琼斯觉得有些不对劲,于是他试着去叫门,敲了半天也不见有人来开门。这时他开始有些焦虑不安了,透过窗户缝隙,他瞥见屋子里的桌椅板凳东倒西歪。

看到这些,他大惊失色,于是跑到当地一个大型的百货商店,在那里找到了一位名叫路易斯·基德曼的雇员,请他帮忙一起破门而入看看究竟。进门一看,他们发现法罗先生躺在楼下的客厅里,已经断了气;接着他们发现法罗太太在楼上,躺在床上身受重伤,奄奄一息。看样子,他们俩遭人毒打且持续了很长

第一章 人身同一认定

一段时间。他们迅速找来了警察和医生，医生赶快把法罗太太送到了医院。

警察在地板上发现了装现金的抽屉，里面什么也没有，通常这里面装的是每周的收入。琼斯说通常法罗先生是每周一早上将其存入银行。为了保护和清理案发现场，艾伯特·阿特金森警长竟用手将抽屉放回到柜子里。意识到这一点，总督察弗雷德里克·福克斯和助理总监梅尔维尔·麦克诺登（刑事调查部负责人）决定接手此案，并下令保存所有案发现场的证据。

此案的作案动机是抢劫。警方发现的其他一些细节也能证明这一点。警方从受害人被害地点以及案发现场的证据，推测法罗先生和法罗太太是单独被袭击的。他们身上都穿着睡衣，而且没有破门而入的迹象，这说明门似乎是法罗先生为袭击者打开的，一开门他便遭到了袭击者的重击而昏厥。接着攻击者又去了楼上，打伤了法罗太太，然后偷了抽屉里的现金便准备扬长而去。从案发现场的血迹可以推测出，这时法罗先生似乎又挣扎着站了起来，没想到这次竟被打死了。另外警方发现了两个黑色的面罩，这说明涉案的很可能是两名犯罪分子；同时还发现他们将店主杀死后还很冷静地在面盆里洗了手。

麦克诺登仔细地观察了那个用来装现金的抽屉，在抽屉的内壁上发现了一个指印。麦克诺登是贝尔珀委员会的成员之一，这个委员会成立的目的就在于评估各种身份鉴定方法的优劣，早在五年前委员会就已经推荐使用指纹鉴定的方法了。他在心里琢磨：这会不会是一个测试新方法的好机会呢？他小心翼翼地将抽屉取出，然后在外面包了一层纸，接着便将这个抽屈送到了伦敦警察厅刚成立不久的指纹局。

指纹局的负责人是查尔斯·斯托克利·柯林斯探长,当时他被赞誉为英国第一流的指纹专家。尽管此前这种方法也取得了一定的成就,尤其是在认定有前科的罪犯与提供假名的罪犯为同一身份时,但是从总体而言这种方法还没有得到广泛的运用。警方很清楚,选择了指纹鉴定法,无疑是选择了挑战,如果不能成功破获案件,那么得到的无疑是公众的嘲笑和奚落,因为像这样的杀人案势必会吸引公众认真审视的目光。警方面临的挑战还不止于此,因为即使他们通过指纹成功地找到了指印的拥有者,他们还得去说服陪审团用这种不太熟悉的方法作为证据给犯人定罪。

柯林斯仔细地观察了那个指印,发现是由于出汗留下的,看上去似乎是右手的拇指指印。于是他马上将法罗、阿特金森的指纹与发现的指印做了对比,还好不是他俩留下的指印。尽管指纹局的档案中保存了8万~9万个指纹印记,但不幸的是,没有一个能够和发现的指印相匹配。警方原本打算用对比指纹印记的方法来找到罪案嫌疑人的,没想到会出现这样的结果,这下前景有些不容乐观了。最初还指望着法罗太太恢复知觉的时候能描述一下攻击者的相貌呢,可谁又能想到3月31日悲剧就发生了,法罗太太连一个字都没留下便死在了医院里——这使得调查举步维艰。

于是警方想到了去寻找目击证人,这也是调查中最常用的方式。幸运的是,很快他们就找到了一些目击证人。好几个人看到早上7:30左右有两名男子从案发现场逃离。其中一人身穿深褐色的西服，头戴深褐色的帽子；另一人身穿深蓝色的哔叽西服，头戴黑色的圆顶硬呢帽。其中有两位目击者，一位是名叫亨利·约翰·利特菲尔德的专业拳击手，另一位是名叫埃伦·斯坦顿的本地女孩。经这两位目击者确认，身穿深黑色西服的人名叫阿尔弗雷德·斯拉特顿。

尽管警方没有找到阿尔弗雷德·斯拉特顿的任何作案记录，但是警方对他并不陌生，他是当地出了名的无业游民，而且和犯罪团伙有着千丝万缕的联系。据了解他还有个名叫艾尔伯特的哥哥，警方怀疑目击者描述中的头戴黑色圆顶硬呢帽的男子就是他。为了确认阿尔弗雷德的身份，警方找到了他的女朋友安妮·柯罗马蒂，她告诉警方阿尔弗雷德在作案之后特意把他那件深褐色的外衣处理掉了，而且还换了一双鞋子；同时安妮·柯罗马蒂回忆说阿尔弗雷德曾问她要过一双旧长筒袜。这再一次证明了那个身穿深褐色西服的男子就是阿尔弗雷德。在柯罗马蒂的引导下，警方很快在一个当地的自来水厂附近发现了掩埋的4英镑现金。根据柯罗马蒂提供的消息，警方发布了逮捕令。4月2日，兄弟两人被捕，拘留期间警方采集了他们的指纹。柯林斯探长将采集到的两套指纹和抽屉内部上发现的指印做了对比，发现那个指印正好与阿尔弗雷德右手拇指的指纹完全吻合。就这样兄弟俩被指控犯下了谋杀罪，并于5月5日在老贝利中央刑事法庭开庭受审。

麦克诺登、柯林斯和皇家检察官理查德·缪尔心里很清楚他们还有一场攻坚战要打，因为本案只有一个实物证据，那就是指纹；因此本案成立与否关键要看这个证据能不能说服陪审团,能不能让被告心服口服地服法。甚至连指纹鉴定法的先驱亨利·福尔茨的观点也对此案极其不利,因为他认为:用指纹作为身份鉴定的证据时,必须要有两个或者两个以上的指纹相互匹配,否则鉴定的结果是靠不住的。于是被告决定聘请福尔茨出庭为自己作证。另外一个被请来出庭作证的是约翰·乔治·加森博士,在身份同一性认定的问题上,他认为贝迪永的人体测量法比指纹鉴定法更为科学。这两个人都是爱德华·亨利在专业领域的竞争对手,而爱德华·亨利是伦敦警察厅的负责人之一,是他建立了指纹局,也是他同意将指纹鉴定引进到英国法律体系的;重要的是他也出席了此次庭审。

作为原告,缪尔请来了40多名目击者出庭作证,他的目的就是证明两个被告是有罪的。虽然缪尔对目击者的证词没有太大把握,但是他还是希望目击者能和他统一战线,共同支持指纹这一证据。尽管其中一些目击者,比如当地一位名叫亨利·艾尔弗雷德·詹宁斯的送奶工,不能完全确认被告就是此案的罪犯(虽然他们描述的外貌形象与被告大体一致),但是大部分目击者,比如亨利·约翰·利特菲尔德和埃伦·斯坦顿,都能确定阿尔弗雷德·斯拉特顿就是此案的罪犯。英国内政部病理学家对法罗夫妇进行尸检后,告诉法庭:从法罗夫妇的伤势来看,使他们受伤的工具恰好能在这两个兄弟的家中找到。

凯特·韦德是艾尔伯特·斯拉特顿的女朋友,她在法庭上说案发当晚艾尔伯特没有和自己在一起,而通常他们都是在一起的;此外安妮·柯罗马蒂说阿尔弗雷德3月27日早上回到家中,带回来一笔钱,但是并没有向自己解释钱从何而来。另外她还补充说当阿尔弗雷德看到报纸上关于谋杀案的报道时，他立刻将他在案发当晚穿的衣服扔掉了，并且告诫她如果有警察或者其他什么人询问，就告诉他们案发当晚他俩在一起。

然而辩护律师H.G.鲁斯、柯蒂斯·班尼特和哈罗德·莫里斯给出了另一种合理的解释，他们的解释让人对原告方证人的证词产生了怀疑。显然他们认为自己的解释是天衣无缝的，于是他们自信满满地请阿尔弗雷德·斯拉特顿站到了证人席上。他当庭做了如下解释：3月27日凌晨2:30，他被一阵急促的拍窗户的声音吵醒，打开门才知道是哥哥艾尔伯特想问他借钱交房租。于是他就去里屋拿钱了，回来的时候，艾尔伯特竟然不见了。追出门外，发现他已经走出很远了，走到了丽晶街，正好被好多目击者看到。阿尔弗雷德追上去告诉哥哥说自己也没钱，但是他可以在自己那里留宿一晚。艾尔伯特听了之后同意了，两人便一起回去了。阿尔弗雷德睡床上，艾尔伯特睡地板上，夜里两人一直在一起，直到第二天早上9点，艾尔伯特才离开。接着阿尔弗雷德又解释说：警方发现的那4英镑是他在拳击比赛中赢的钱，为了保险起见，案发三周前他就把钱藏在那里了，这钱本来是打算给安妮·柯罗马蒂的。

在要求柯林斯探长提供拇指指印的证据之前，缪尔首先要求威廉·吉廷斯出庭作证。威廉·吉廷斯是一名监狱工作人员，斯拉特顿兄弟俩正是关押在他所在的监狱里待审的。威廉·吉廷斯当庭解释说，在一次谈话中，艾尔伯特·斯拉特顿说："我估计他(阿尔佛雷德)会被绞死，我可能会被判十年……毕竟我是从犯。"缪尔希望陪审团能把艾尔伯特的话当成是坦白或者招供。之后缪尔请柯林斯探长走上了证人席。

　　缪尔打算先介绍柯林斯的资历——他是指纹研究领域的专家，然后再让他做说明和解释如何用指纹来认定身份的同一性。接下来法庭要求柯林斯重点讲述与本案相关的指纹的情况。他先向陪审团展示了在案发现场找到的装现金的抽屉以及在抽屉内壁上发现的指纹印记，然后说明了阿尔佛雷德·斯拉特顿的右手拇指指纹与抽屉内壁的指印一致性很高，并指出一致的地方一共有12处之多。应一些陪审团成员的要求，柯林斯也解释了由于压力原因造成的指纹和指印之间的不同之处。

　　柯林斯阐述了指纹证据之后，被告方请约翰·乔治·加森博士站上了证人席。为了在资质上压过柯林斯，他们首先介绍说加森博士是柯林斯的导师之一，这样陪审团无形中会认为加森博士在指纹研究领域要比柯林斯更专业更权威。如我们所料，加森果然提供证词说阿尔佛雷德的指纹和抽屉内壁发现的指印不相符。

　　然而，缪尔很容易证明加森并不是指纹研究领域的专家，确切地说他是人体测量学领域——一直在与指纹鉴定法作持续的斗争——的专家。事实上，加森甚至公开反对指纹鉴定法和贝尔珀委员会。在相互讯问中缪尔说出了一件关于加森的令人咋舌的事情。缪尔拿出了加森的两封信作为证据，一封是写给原告方负责人的，另一封是写给被告律师的。信中说：哪一方给他支付的费用高，他就为哪一方提供证词。经过这样的致命一击，加森的证词瞬间变得毫无价值。法官听了这一情况，十分恼火，宣布加森的证词无效。这下加森博士算是名誉扫地了，被告方怕缪尔再找出什么法子来诋毁福尔茨，于是没敢请他走上证人席。接着陪审团对双方提供的证词做了归纳和总结，经过长达两个多小时的审议之后，陪审团认定斯拉特顿兄弟俩犯有谋杀罪。最终兄弟俩被判处死刑，于1905年5月23日执行绞刑。

　　身份同一认定的历史——笔者还会继续在本书中提到这个话题——就是一段探索唯一性的历史。无论是贝迪永的人体测量法还是指纹鉴定法，之所以能成为行之有效的身份同一认定的方法，是因为我们每一个人都是独一无二的个体，这些独特性能够帮助我们进行刑事调查。本章中涉及的几种方法代表着将法医鉴定的方法融入司法体制的最初的成功探索。这些方法证明如果调查中能够更迅速更高效地锁定（或者排除）犯罪嫌疑人，那么警察的工作就会变得轻松很多。总的来讲，尽管这些身份同一性认定的方法很强大，但是往往单一的方法只能解决一部分问题——因此靠多种法医鉴定方法共同破获的案件才能说明问题的全部。

Chapter 2

# 第二章　法医弹道学

只有毛骨悚然的短枪怒吼之声。

——维尔浮莱德·欧文,《青春挽歌》(1917)

乔治·特里奇是一名巡警,1891年生于诺福克的道纳姆马基特,1910年4月成为埃塞克斯郡的一名警察,警号是489,工作8年后,也就是1918年4月,他参军去了法国。尽管他在机枪队服役的时间不长,只有10个月时间,然而在这期间他却亲身经历了战壕中发生的各种惨剧。于是,他决定重返埃塞克斯郡继续做一名警察。他和妻子罗斯以及两个儿子,谬里和阿尔弗雷德,一起居住在一个名叫斯泰普尔福德亚伯茨的静谧美丽

第二章　法医弹道学

的小村庄。他工作的地点是埃平分局，这里的工作排班制度是四班倒。

1927年9月26日下午6点，特里奇交完班回到家中，和家人一起共进晚餐，直到晚上11点他才离家去工作，因为接班的时间到了。跟他一起接班的同事是悉尼泰勒警官，他住在一个叫做兰博恩恩德的小村庄里。两人按照预先的安排在B175大道碰面，这是一条由罗姆福德通向奇平昂加的道路。特里奇是在凌晨3:05步行离开那儿的，他原本打算步行回家，可是没想到回家的路竟然如此漫长，因为他再也没能回到家中。

第二天，大约凌晨6点钟的样子，当地的邮差威廉·亚历克·沃德给斯泰普尔福德亚伯茨这个小村庄送完了信正走在返程的路上。他沿着B175大道一直向前，途中路过一座通向斯泰普尔福德托尼村的名叫平奇巴克的小桥。当他驶过弯道时，他注意到前面路边有一个大家伙，不知道是什么，等他靠近一看才发现原来是一具男尸。尸体以半躺半坐的姿势倒在草坡上，腿伸着，脚朝着路边一侧。仔细一看，沃德吓了一跳，原来这尸体不是别人，正是巡警特里奇。于是沃德三步并作两步地跑回邮车上，他首先想到的是去附近的村舍里寻求帮助，然后他才驱车去了离这里最近的斯泰普尔福德托尼村，并向罗姆福德警察局打电话报了警。

第一个赶到案发现场的警察是巡警艾伯特·布劳克森，探长约翰·克罗克福德从罗姆福德赶到时大约是7:45，也就是在这时候巡警将此案交给了探长。探长仔细地检查了尸体，观察到：特里奇的笔记本掉在了附近的路上，而手里却还抓着一截铅笔头；警棍和手电筒仍像平常一样装在口袋里；左脸上，确切地说是左边耳朵靠前一点的地方，有两个洞，看上去很像有两枚子弹从其中穿过的样子；右边的脖子上，有两处致命的伤；另外似乎凶手还发射了两枚子弹，各中一只眼睛。对此有一种说法，或许有一定的迷信色彩，认为人死之前最后看到的图像会被真切地印在人眼的视网膜上——枪击就是为了彻底毁掉如此这般的"图像"。

警方判定：特里奇身中四枚子弹，两枚.45口径的子弹沿路面射出，另外两枚子弹在验尸过程中发现留在死者体内。死亡时间预计是在尸体发现前的四五个小时内。由于被发现前死者手里正拿着笔记本和铅笔，所以据此可以推理：特里奇当时叫停了一辆小汽车，正准备做相关记录时却被枪杀了。警方很快将子弹和弹壳交给了当时最著名的弹道学专家罗伯特·丘吉尔做相关审查。尽管这些子弹有些残缺，但依然保留了足够的膛线特征，于是丘吉尔作出判断：这些子弹是由韦伯利左轮手枪发射的。

有了这些信息，警方便开始了对凶手的全面搜捕。从一开始凶手就与一名偷盗莫里斯考利汽车（车牌号为TW6120）的罪犯有关。案发当晚他从住在比勒里基（此处距离案发现场约有10英里）的爱德华·洛佛尔医生的车库中盗走了汽车。据左邻右舍回忆，凌晨时分他们听到有汽车急速开出的声音。也就在那天早晨，车主人发现此车被盗了。奇怪的是，此车竟然出现在了英国南部的布里克斯。汽车左侧的挡泥板已被毁坏，车体上还发现了血迹。里程表上显示已经行驶了42英里，此距离正好是从洛佛尔医生的车库到布里克斯的精确距离。

警察搜查了此车，在车内发现了弹壳。同时还发现了一把手枪，后膛似乎受过损伤，可能是由于错误操作造成的。枪上损伤的印记很像一顶骑师的帽子，因为这个印记对于破获此案至关重要，因此此案的罪犯被称为"骑师帽凶手"。弹药筒上刻有"RL IV"字样，表明这是一把老式的马克四号手枪，是在伍尔威治阿森纳的格林尼治天文台制作的，意在用于第一次世界大战。

追捕凶手的工作令人疲惫不堪，前后一共持续了四个月之久——中央情报局局长贝雷特和他的助理哈里斯警官甚至持续工作了130个小时。他们注意到了两个盗车犯罪嫌疑人，佛雷德里克·布朗和派特·肯尼迪，然而苦于没有任何证据可以指证他们，警方无法进行后续的工作和调查。尽管警方在泰晤士河发现了两把韦伯利左轮手枪，但是经丘吉尔证实，没有一把是谋杀凶器，因为这两把手枪的弹壳上丝毫看不到骑师帽的印记。

然而就在1928年1月20日，调查的形势有所变化，似乎此案要有些眉目了，警方认为佛雷德里克·布朗有偷盗一辆沃克斯豪尔车的嫌疑，于是在距克拉彭枢纽站不远处的车库将其逮捕。布朗被定以下罪行：保险诈骗罪、盗窃罪以及暴力罪——而且此暴力罪是最为严重的一种，因为作案时他还携带了轻武器。经警方搜查，发现其后背口袋中有12颗.45口径的弹药筒。接着警方又对他的车进行了进一步的搜查，发现其车门里面有一把满膛的韦伯利左轮手枪。于是更多的警察介入了此案的调查之中。最终的结果是在他修车厂的办公室里找到了用纸包裹着的6颗远程.45口径的弹药盒。另外还找到了23颗.22口径的弹药盒以及一把小型的左轮手枪。最后，警方搜查了布朗在拉凡德山的房间，发现了一把满膛的史密斯威森左轮手枪。

大家都知道布朗有一个雇员名叫肯尼迪，这个肯尼迪是一个臭名昭著的酒鬼，1927年12月17日被布朗解雇，原因就是因为酗酒耽误了工作。肯尼迪是一个混血儿，父母一方是苏格兰人，一方是爱尔兰人。尽管操着一口地道的爱尔兰语，他却一直认为自己是个苏格兰人。他曾是一名军人，然而由于屡当逃兵，再加上犯有非法侵入住宅罪、猥亵罪、酗酒罪以及盗窃罪等罪名被军队毫不客气地扫地出门了。

12月17日和布朗分道扬镳之后，肯尼迪便乘火车去了利物浦。三周后因为婚姻大事他又重返伦敦。肯尼迪在利物浦期间，并没有听说布朗被捕的消息。结果当他周六——也就是1月21日——中午去布朗的车库拜访他的时候，发现车库门竟然是锁着的。他好奇地透过门缝朝里看了看，发现里面有两个穿着挖掘用的外衣和帽子的男子。他立即怀疑那两人很可能是探员，同时很有可能是在等他的到来。为了避免被跟踪，他小心翼翼地离开了，回到家中便和妻子一起搭乘午夜的火车去了利物浦。

然而天网恢恢疏而不漏，肯尼迪并没能逃出警方的视线多长时间。1月25日(星期三)晚上11点40分，他发现有几名男子在他家旁边的街道上徘徊。仔细观察了这些人的穿着，他很快意识到这几个人很可能是探员，于是他又开始逃亡之旅。他走得太匆忙了，甚至连衬衣、裤子和鞋子都没来得及穿好。不过，他还是没能逃过探员们锐利的目光。探员比尔·马丁松一眼就认出了他，因为曾多次在很多场合逮捕过他，因此对他再熟悉不过了。肯尼迪从口袋中掏出了手枪，朝马丁松吼道："比尔，别动，不然我毙了你！"肯尼迪说到做到，结果他果真叩响了扳机，幸运的是，枪没打响（后来才知道原来他给枪拉上了保险栓），马丁松躲过了一劫。只见马丁松一只手抓住了肯尼迪持枪的那只胳膊，另一只手狠狠地打在他身上，同时马丁松还大声呼叫着同行的伙伴来帮忙。三个同事应声赶来，缴获了肯尼迪的武器，并将其制服。

第二天，他们将肯尼迪送回伦敦，并将其关押在了新苏格兰场（伦敦警察厅代称）。被关押期间，探员贝雷特就警察特里奇谋杀案对其进行了审讯。肯尼迪请求说：是否可以给他几分钟时间让他考虑一下自己的处境。贝雷特同意了他的请求，之后他又请求说：是否可以让他跟妻子说几句话。贝雷特再一次应允了他的请求。和妻子简短谈话后，肯尼迪做了相关陈述。陈述中他暗示布朗是杀害警官特里奇的真凶。

弹道专家罗伯特·丘吉尔仔细检查了从布朗那重新搜到的武器，他经过比对发现：在车上找到的空弹壳确实是由一把韦伯利左轮手枪射出的，而在布朗被捕时发现的正是这样一把手枪。面对这样的证词，布朗唯一可能的辩驳是这把手枪是他在谋杀案发生之后从肯尼迪那得到的。

1928年4月23日此案在老贝利（伦敦中央刑事法院的俗称）开庭受审，由法官艾佛里审理。布朗坚称自己与此案无关，自己是无辜的,并声称案发那天晚上他在家睡觉。原告方40个证人中有4位是弹道专家。这次开庭审理之所以备受关注源于罗伯特·丘吉尔所呈上的法医证据至关重要;丘吉尔向法庭证明了弹壳上的印记与那些左轮手枪上的印记是完全一致的,由此判定在布朗车上找到的那把枪就是作案的凶器。最终布朗和肯尼迪两人都被判为谋杀罪,并处以死刑,于1928年5月31日执行。

乔治·特里奇被葬于沃利公墓。他的墓志铭是这样写的:

纪念伟大的乔治·威廉·特里奇,生前为埃塞克斯警队的一名警员,于1927年12月27日因公殉职。

杀害乔治·特里奇的子弹和韦伯利左轮手枪被收藏于埃塞克斯警队博物馆内,而与布朗和肯尼迪相关的物品被搁置于苏格兰场的黑色博物馆内。特里奇遇害的那条路也因此被改建了,向前延伸了一小段,还立了一块纪念碑,并将此路更名为特里奇之路,以此来纪念特里奇。

据说9世纪的时候中国可能就已经出现了火药,但直到10世纪中叶才有了可追溯的证据表明火药能够用于制造武器。在中国西部的敦煌发现了一幅10世纪时期的旗帜,上面印着"火箭"的图画。这幅图画描述的是恶魔与火箭大战的情景。实质上,这种火箭只是装有火药的管子而已,将其固定在一根长绳子的一端,被当做一种简易的火焰投掷器使用。中国人还发现将弹药弄碎后紧实地塞进管子中可以跟火焰一起飞出去,这样便可以最大程度地提高武器的杀伤力。据记载,在1132年的德安(今湖北安陆)攻城战中,宋朝士兵使用火箭成功地击退了女真族的进攻。

至于火药是如何传到欧洲的有以下几个版本：其一说是从中国随丝绸之路传过去的，另一说则是由13世纪蒙古人入侵带过去的。据记载，俄罗斯民族第一次使用火器是在1382年的莫斯科保卫战中，目的是为了抵御脱脱迷失的金帐汗国，守卫者将其使用的火器称为迪尤费阿克斯(tiufiaks)。到14世纪，欧洲产生了更小更轻便的手持榴弹炮。在如此的发展速度推动下，15世纪的奥斯曼帝国已经给全部的步兵都配备上了火枪。

事实上，除了战争，也只有富人能够买得起枪支——大部分用于狩猎，毕竟枪支在那个时候是很昂贵的。然而几个世纪后枪支竟然成了罪犯首选的作案武器。时间来到了17世纪，在大型的战争中，火枪逐渐取代了传统的武器，如长弓和弩等，就这样即使不富裕的人也学会了如何使用枪支，枪支逐渐成为必需品，如洪水般在欧洲传开了。枪支的广泛使用提高了枪支导致的犯罪率，尤其是如今传奇化的高速路抢劫案的犯罪率。

不过，早期的枪支有着严重的操作问题：上膛速度很慢，而且一次只能发射一颗子弹，再次上膛也很费劲，上膛之后才能再次发射。一般的大弓手可以一次射出六支箭，技艺精湛的弩弓手甚至能够在上膛发射的时间内射出比半打更多的箭支来。有一个著名的记载，说的是关于18世纪时期一个拦路强盗和一位年轻裁缝相遇的故事。故事开始的时候，裁缝正穿梭于豪恩斯洛希斯——这里在当时是个极其危险的地方，又是个颇具名声的地方，因为路过此地的人们常常会遇到拦路的强盗。不难想象，他和大多数路过此地的人们一样，被一个带有武器的强盗袭击了,强盗要求他交出钱袋。他立刻就把钱袋递了过去,可是一想又觉得哪里不对劲,于是请求强盗对着他的帽子打一枪,这样至少看起来他跟强盗也做了些搏斗,也就不至于落到被人们嘲笑为懦夫的田地了。那个拦路强盗觉得无所谓,于是就满不在乎地照做了。可是他没想到的是一发子弹之后,裁缝的枪就对准了他的脑袋,因为强盗的枪内根本就不可能有第二颗子弹。就这样裁缝不仅拿回了自己的钱袋,还抢走了强盗抢夺其他路人的钱袋。

  理解火枪的操作原理对于了解法医弹道学是很有帮助的。枪支是从速度慢、可靠性低的最原始阶段开始,接着便很快发展为如今的随处可见的高效而现代的杀戮性武器。火绳枪是第一种最简便的发射型轻武器,人们对它的接受和使用也是一个循序渐进的过程。先将火药粉末倒进枪管中,接着将铅球推进枪管中,然后将一些质软的填充物塞进枪管用以固定铅球的位置。要完成以上步骤需用一支推杆才能将其塞得紧紧实实。此时火药粉末就被导入了枪管末端的一个器皿中,这时候火枪才算装好了。再来观察一下这个器皿,在其中央有个可触摸的孔,此孔与枪管中的火药粉末相连。只要我们点燃火药或者点燃一小节用硝酸钾浸泡过的绳子,器皿中的火药就会被引燃。首先被引燃的是外部的火药,接着武器内部的火药也迅速燃烧起来,燃烧的火焰通过触摸孔使枪管里的火药也燃烧起来。燃烧的速度相当快,由此产生的大量热气会使铅球和枪管一起动起来,此过程中还会伴随有大量的浓烟,因此战场上的滚滚浓烟我们也司空见惯了。然而这浓烟也不是什么好事儿,它会遮住你的视线，让你看不清甚至看不到你的敌人。

　　火绳枪之后人类的又一发明是轮机枪，最先出现于16世纪前后的欧洲。这项发明在一定程度上要归功于列奥纳多·达·芬奇，因为他在15世纪90年代中期创作了一系列的类似于轮机枪原理图的画作。尽管存在很多缺陷和不足，但是无论如何轮机枪在便捷性和安全性等方面相对于火绳枪都有着至关重要的改良和进步，因为轮机枪淘汰了火绳枪利用烟雾燃烧带动火药燃烧的方法，说实话这种方法真的算不上什么好方法。改良后的轮机枪在操作上使用的是一个小轮子，很像现代的打火机，使用前将其与一把钥匙绑在一起，当触发器被拉开时，它就会迅速旋转起来，旋转过程中会与火石摩擦，从而产生火花，火花便点燃了火药。尽管轮机枪这项发明十分有用，但因其在发条机制的机械原理上所需的成本过于昂贵而没有得到广泛运用。

　　要说轻武器上真正的改变那应该是燧发枪的发明了。众所周知，法国人马林·勒·布尔若（1550—1634）是将燧发枪的工作原理与火器的原理相结合的第一人，并于1610年将其研究成果献给国王路易八世。他是这样设计的：一片尖锐的火石被紧紧夹在一个类似竖起的鸡头的狭口处（此武器装有弹簧，形状类似公鸡而得此名）；触发器被释放后，就会撞击到一个坚硬的被称为触发杆的钢片上，撞击产生所需的火花。每发射一枪，鸡头就必须重新手动设置一次，另外打火石也要根据实际的磨损情况进行定期更换。燧石在18世纪和19世纪时期被广泛地应用于步枪和手枪中。

　　尽管燧发枪与此前的各种枪支相比较已经算得上非常有

效了,但它仍然存在很多缺陷,比如因其火药是在外部引燃的,所以当遇到雨天的时候,它就不那么可靠了。大约在1820年,阿伯丁郡的牧师约翰·福赛思成功解决了这一难题。震动帽是一个小小的圆筒,通常用以铜或者黄铜为材料制成,内含爆炸性水银,它是一种具有很高的震动敏感性的化学混合物,只要遇到撞击就会发生爆炸。牧师约翰·福赛思的设计是将震动帽插进枪管后面的孔中,用弹簧锤撞击它,这与燧发枪的鸡头很相像,以促使具有高震动敏感性的水银发生爆炸。爆炸所产生的力量传递到主枪管中,迅速点燃已经装在枪管中的火药,最终燃烧的火药将子弹从枪管中射出。

19世纪中后期,震动帽很快就被应用于弹药筒上了。此前的军火运输通常都是将子弹和枪支做分开运输处理的。到此时已经可以将弹药筒与震动帽、枪支和子弹一起放在防水袋里了。黄铜弹壳技术的最大优点是能够在后膛内有效并安全地密封高压气体(火器枪管的后半部分),因为气体压力可以促使弹壳在外面膨胀,压迫它紧紧地抵住内膛,从而阻止了热气的泄露。万一热气泄露,就会对射击手造成伤害。弹药筒的使用给子弹、火药和雷管等装配到一起创造了条件,于是便为现代循环武器的出现开辟了道路。

虽然有了诸多发展,然而准确性仍然是个大问题。为了解决这个问题,膛线出现了——膛线的作用在于稳定旋转的抛射物,方法是在枪管内添加一些螺旋槽——尽管很难把握抛射物的轨迹,然而似乎15世纪的欧洲也曾有人做过一些早期的探索实验。早期的步枪会产生大量的煤烟,需要将这些煤烟从步

第二章　法医弹道学

枪枪管中清理出去，如若不然，就需要进行反复的擦拭来清理枪管了，后来也有人考虑要发明一个煤烟槽来解决清理的问题。当然以上方法的目的都是为了更大程度地提高准确度。然而直到19世纪中叶之后，膛线才逐渐变得准确起来，膛线槽也逐渐成为枪管内壁的一部分。火器的这些特点对于法医弹道学有着极其重要的意义，通过后文我们就能明显地看到这一点。

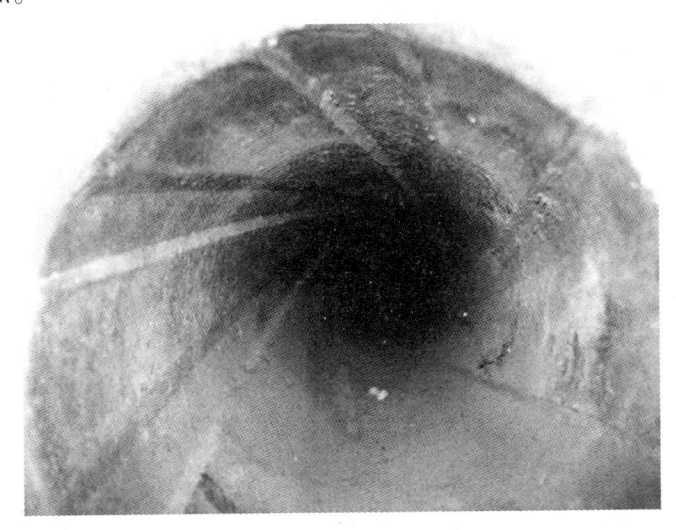

19世纪法国大炮的炮筒，图中显示的是炮筒内壁的膛线槽。膛线槽对后来弹道学专家来说至关重要，因为他们就是通过这个来判断子弹与枪支的匹配度的。

故事发生在1794年兰开夏郡的普雷斯科特市，一位名叫爱德华·卡尔肖的男子被一名窃贼打穿了头部。这起谋杀案开启了法医学的崭新篇章，成了法医学历史上第一起通过弹道学破获的案件。当地的一名外科医生对卡尔肖进行了尸体检验，在此过程中，他不仅在卡尔肖的体内发现了从手枪射出的子弹，还发现了与子弹一同射出的用作填充物(早期枪支的前膛内装有填充物)的软质纸的残留。仔细观察后，发现那软质纸上竟然是一小段歌词。经过多方调查，事情有了些眉目，警方怀疑一位名叫约翰·汤姆斯的18岁青年很可能就是本案的真凶。很快警方就逮捕了汤姆斯，并对其进行了人身搜查，结果警方在他的口袋里找到了一张撕裂了的上面有歌词的软质纸。而且这张纸正好与从卡尔肖体内发现的与子弹一同射出的那张软质纸残留完全匹配。1794年3月23日，汤姆斯在兰开斯特的巡回裁判中被判谋杀罪并处以绞刑。

约一个世纪之后的1891年，类似的案件又在法国发生了。查尔斯·盖斯纳本来应该是个幸福的人，他与一生中的挚爱结了婚，并与她一起组建了一个美满幸福的家庭。谁料好景不长，幸福的时光总是那么短暂。那是他们结婚几个月之后的一天，正当他和妻子熟睡的时候，一名男子突然闯进了他们的卧室，在没有任何警示的情况下，那名男子就残忍地打穿了他的头部。盖斯纳几乎是当场毙命。妻子被枪声惊醒，然而映入眼帘的却是丈夫满脸的鲜血，看到这一幕，她当即便晕了过去。此时杀手早已从卧室逃走，消失在漆黑的夜色中了。

这起谋杀案怎么会如此蹊跷，真是让人匪夷所思：其一，众所周知，盖斯纳一向与人为善，而且备受人们欢迎；其二，凶手没有偷盗任何东西。由于找不到什么更好的解释，警方只能推断凶手是个窃贼，在杀死盖斯纳后因为过于恐慌，所以只记得赶快逃跑而忘记偷走任何东西了。警方找到的唯一线索就是发现了枪支中所用的填充物。当他们检查填充物时,发现它是《洛林年鉴》中的一页。进一步调查后警方发现了一名犯罪嫌疑人,盖斯纳太太的一个追求者,名叫毕威尔。更进一步调查后,警方发现毕威尔因为她嫁给盖斯纳一事怒火中烧并心生嫉妒。于是警察对毕威尔的家进行了搜查,很快就发现了《洛林年鉴》,此书中缺少的正是用于射杀盖斯纳的那一页纸。于是毕威尔接受了审讯,并承认了自己的罪行。通常在这种情况下,他面临的将是走上断头台。然而,根据法国的法律,此案应该被定性为情杀案——这种类型的犯罪案件是由内心强大的情感而引发的,同时考虑到他与盖斯纳太太之前的关系,法庭并没有将他判为死刑,而是给他判处了二十年的苦役。

  法国化学家鲁森是第一位运用化学方法分析子弹来破案的科学家。此事发生在1869年。此案中被调查的枪击受害者是布雷蒂尼的一位牧师,他被一位不知名的男子打穿了头部。警方怀疑凶手是当地一位名叫柯代特的钟表匠。警察都很了解柯代特,他跟牧师关系不太好。警方从牧师头上取下了子弹,然而由于冲击力过大,子弹已经破裂成了很多碎片。这也就是说即便是在柯代特的房间发现子弹,调查员也没有办法和这些子弹做对比了,也没有办法和警方在他房间发现的两把手枪的口径(枪管内径的大致尺寸)做对照了。起初这似乎真的是个很大的挑战,然而当鲁森想到用化学解析的方法时,这个问题便迎刃而解了。他首先确定了子弹的精确重量和熔点,然后又计算出了锡和铅的精确含量。做完这些测试之后,他又运用同样的分析方法对从柯代特房间里找到的子弹进行了测试,结果发现所有的数据都出奇地一致。就这样柯代特只有接受审讯了，最终法院认定其谋杀罪成立。

和其他法医学的分支一样，弹道学也是一种鉴定犯罪嫌疑人是否有罪的有效方法。1876年8月，英国一位名叫尼古拉斯·考克的普通警察在曼彻斯特的惠利区不幸被人枪杀。接着警方逮捕了约翰·哈布伦和威廉·哈布伦兄弟两人，并因那位普通警察被枪杀一案将其送到法院受审。最终的结果是兄弟俩中名叫约翰的被无罪释放，而名叫威廉的被判死刑（事实上此刑后来也被改为终身劳役了）。

然而发展到这里，此案并没有结束。哈布伦受审后的第二天，一位名叫亚瑟·戴森的男子在谢菲尔德被称作埃克尔赛尔的郊区被人谋杀了。受害者的妻子碰巧看到了作案的凶手，并且认出他就是查尔斯·碧斯，一个臭名昭著的罪犯。警方怀疑此二人可能有染，所以凶杀的动机很可能是嫉妒。碧斯（1832—1879）在当时可是出了名的罪犯，他的名字曾出现于柯南道尔笔下的福尔摩斯小说《显贵的主顾》中，也曾出现于马克·吐温的《斯多姆菲尔德船长天国之旅》中。

尽管戴森死后，碧斯依然逍遥法外，然而两年后他终因在黑荒地入室盗窃时射伤一位名叫罗宾逊的警察而被捕。受审后，法院认定他就是谋杀戴森的凶手，于是将其判为死刑。之后当他走上绞刑架的时候，碧斯同时坦白了自己也是杀害考克警官的凶手，并声明杀害一事是他自己做的，并没有同谋。警方不但没有听信他的话，而且认为他很可能是企图帮另一名同伙逃脱罪名。于是警方决定将从亚瑟·戴森和警察罗宾逊以及考克三人身上取出的子弹进行对比。很快警方便得出结论：这些子弹均由同一枪支射出，而且正好就是查尔斯·碧斯所用的枪支。接着威廉·哈布伦被无罪释放了。由于错判，威廉被剥夺了三年的自由，为此他也得到了相应的赔偿。

大西洋彼岸的美国对弹道学的发展上也起到了举足轻重的推动作用。1830年，一位名叫塞缪尔·柯尔特的16岁男孩从康涅狄格州的哈特福特走出家门。和成千上万走出家门的男孩一样，他也选择了去旅行，希望能通过旅行来了解大千世界。在旅途中他刻了一把木质手枪。他刻的这把枪有着明显的特征：枪膛是可以转动的，扳机是靠旋转拉响的。

返回美国几年之后，年仅21岁的柯尔特就在新泽西州的帕特森制造出了许多这种手枪的模型。这些模型手枪都很有独创性，只是太过于复杂——至少含有二十四个齿轮、棘齿和弹簧，而且每一把手枪的造价为五美元，这样导致成本过高。由于以上种种原因，柯尔特的工厂很快就在1842年关门大吉了。尽管如此，他生产的手枪在当时还是得到了很多人的认可。在他的工厂面临破产的前一年，得克萨斯州的突击队员杰克·海耶斯中了埋伏，被战斗另一方科曼奇人困在了一个叫做魔法石的地方。科曼奇人猜测海耶斯的步枪发射一颗子弹后肯定需要一段时间进行再次上膛，他们便可以趁此机会攻击并俘虏他。于是他们非常小心地一步步向前进，直到海耶斯如他们期待的那样用他的步枪发射了一颗子弹。科曼奇人立即控制了他所在的位置。然而他们没想到的是，海耶斯还带着一把柯尔特手枪。他迅速地从皮枪套中抽出这把手枪，击毙了敌方所有人。

当听说有这种新款手枪时，得克萨斯突击队队长汉密尔顿·沃克意识到了这种手枪的潜力，于是决定帮柯尔特一把。当柯尔特从帕特森搬迁到纽约的时候，沃克不辞劳苦地跑到纽约去见他。沃克建议他们两人应该建立生意合伙关系，在柯尔特左轮手枪五连发的基础上一起研制一款新型手枪。更重要的是，沃克愿意提供经营所需的全部资金。柯尔特接受了沃克这种形式的帮助，并同意一起合伙开设一家新工厂。到1847年时，他们制造出了一种新型的增强版左轮手枪。这款左轮手枪有六个枪膛，其中可转动的只有五个，而不是最原先的二十四个了。接着美国骑兵步枪公司也开始供应这种新款的左轮手枪，证明这款手枪是经受得住市场的洗礼的。此后这款手枪几乎变得人尽皆知。这源于一首很流行的歌："不要害怕任何人，不要管他有多大的块头；只要有危险靠近我，我定会将他摆平。"这样一个伟大的决定使得柯尔特和沃克双双成为了百万富翁。

随着柯尔特的工厂生产出来的手枪越来越多，手枪的价格变得越来越便宜，普通人拥有手枪也越来越不是什么稀罕事儿了。于是这种手枪也逐渐成为了当时犯罪分子们抢劫银行和火车的首选武器。比如当时那个臭名昭著的詹姆斯作案团伙，还有当时的持枪歹徒像约翰·韦斯利·哈丁以及比利等人均是因其用枪"扫射"速度快而成就了他们的名声。当时还有一些人的用枪技术，比如怀亚特、维吉尔兄弟以及摩根·厄普等人都差不多能和警务人员齐名了。没有任何缺陷的武器是不存在的，柯尔特左轮手枪也一样，然而从法医学的角度来看，左轮手枪的设计还是很有实用价值的。

　　左轮手枪将膛线视为其设计的一部分，子弹在槽中旋转，从而使之沿枪管内壁运动。这意味着子弹外壳必须选用凹槽的形状，其实这种做法很有可能会对枪管造成其他方面的损伤。里昂大学的法医学教授亚历山大·拉卡萨涅(1843—1924)注意到了这一点，于是他意识到这就意味着每一把手枪每发射一颗子弹都会留下独一无二的弹道"指纹"。1899年，拉卡萨涅成为我们所知道的将从被害者体内取出的子弹与几个不同的犯罪嫌疑人的手枪进行匹配研究的第一人。在对子弹的检查和研究过程中，他发现子弹上留下了七条纵向的凹槽，同时发现这些凹槽是子弹与通向枪管的通道相互作用产生的。在他检查和研究的武器当中，只有唯一一把手枪与枪管内壁的凹槽相匹配。同时这唯一的一把手枪正好属于其中一名犯罪嫌疑人。有了此项证据，凶手很快落网并最终承认了自己的罪行。

　　然而弹道学证据真正被美国纽约警方采用已经是1915年的事了。在查理·司迪楼和纳尔逊·格林那件臭名昭著的案子中，弹道学是证明一个人有罪还是无罪的关键。

　　那年3月22日清晨，一个本性善良却又无知的农民查理·司迪楼，发现他家前门的台阶上躺着一个胸部中枪的女人的尸体，她身上还穿着睡衣，走近一看，发现那个女人原来是查尔斯·费尔普斯的女管家玛格丽特·沃尔科特太太。费尔普斯是司迪楼的老板，也就是他工作所在的农场主。碰巧那天晚上下了些雪，因此玛格丽特·沃尔科特在雪中留下的脚印依然清晰可见。出于好奇，司迪楼决定寻着她的脚步去看个究竟，结果发现玛格丽特·沃尔科特太太是从费尔普斯家走出来的。同时他还发现厨房的门竟然大开着，走进去一看，93岁的老费尔普斯躺在地板上，中了三枪。令人难以置信的是，他竟然还一息尚存，可是没过几秒钟便断气了。看到这景象，司迪楼立刻报了警，警察很快来到了现场。但是，他们并不擅长处理此类犯罪案件，他们的到来对于破获本案不但无益而且有害，他们不但踩踏了案发现场，而且扰乱甚至可以说是摧毁了很多相关证据。最终的结果是，当局不得不采取非常手段了，他们雇用了纽约布法罗的一位名叫乔治·W.牛顿的私家侦探来调查此凶杀案。调查持续了十天，牛顿认为此案的凶手是一个叫做纳尔逊·格林的男子，他是司迪楼的姐夫，跟费尔普斯以及费尔普斯的妻子住在一起。接着他被捕了，也很快认了罪，同时还暗示司迪楼也参与了此案。于是司迪楼也被捕了，并很快认了罪。当时的审讯与现代的审讯大不相同，由于技术方法有限，因此犯罪嫌疑人更容易遭受皮肉之苦，于是屈打成招也是常有的事。

两个犯罪嫌疑人所写的供词有很多相似之处，他俩都说他们敲了敲厨房的门，当本来正在铺床的费尔普斯走过来给他们开门的时候，被他们的枪击中，因为他们认为卧室肯定是费尔普斯藏钱的地方。在此期间，沃尔科特太太一定听到了什么，她从房间里飞奔而出，接着冲向了厨房门，然后夺门而出。很显然就在这个时候格林或者是司迪楼（至于到底是谁我们还不太清楚，因为他们俩都承认是自己开的枪）透过厨房门的玻璃面板朝女管家开了一枪，目的就是想把她干掉，然后再返回卧室里找钱。两人的陈述中都说自己找到了二百美元，并交给了对方

## 第二章 法医弹道学

保管。两人都说当他们打算离开时,他们听到了沃尔科特太太求救的声音,但是他们没有理会她的恳求,只是让她在那里等死。牛顿发现两人都谎称自己没有枪支,另外还发现司迪楼曾将一把.22口径的左轮手枪和.22口径的步枪藏在了一个亲戚家里。更重要的发现是受害者们均是被口径为.22口径的枪支所杀害。

司迪楼首先接受庭审,其间他收回了自己此前的供词,说供词根本不是他自愿签署的,是被逼无奈的结果,然而这样的供词却被当成了证据。归根到底,要做的事情只有一件,就是要确认从受害者尸体上取下来的子弹是不是从司迪楼的枪支(一把或者两把)中发射出来的。原告方请来了一位自称弹道学专家的艾伯特·哈密尔顿博士出席了庭审。可是后来才发现他其实就是个骗子:哈密尔顿自称是医生,实际上是个专门卖药的小贩,根本就与科学或者医药没有任何关系。就因为从来没有人质疑过他,他竟然还成了多方面的专家,从毒理学、血迹到笔迹,甚至还包括验尸,只要警方敢出高价,他就敢信口开河。除了唯利是图,他实在没有多少真才实学,可是不幸的是,长久以来一直没有人看穿这一点。

哈密尔顿"博士"在他的证词中说他用显微镜仔细观察了司迪楼的左轮手枪,发现在枪的末端有9处瑕疵,与从受害者处取回来的四颗子弹上的9处划痕完全一致。当诘问为何这些划痕在放大的子弹的照片中却显现不出来时,他的回答很简单,说是因为出了点儿小差错,这些印记很可能在这些照片中的子弹的背面。然而出乎意料的是:没有一个人,甚至连辩护律师都没有让他提供新的能够看见子弹上的划痕的照片，他们竟然就这样相信了他的话。其后辩护律师质疑为什么只有枪管末端的瑕疵才可能标识子弹呢。哈密尔顿果然是个经验丰富的骗子，只要他想，就一定能够把人骗得心服口服。他有一套相当好用的伪科学来蒙蔽大家。他的回答是这样的："这圆筒紧紧地顶住枪管的后部，因此枪膛绝对不会有任何气体漏出。所有气体产生的力量都与子弹一起射出了枪外面，导致子弹离开枪的时候会膨胀起来，膨胀的子弹便最大程度地接触枪口内的凹陷并挤压枪口的外沿，于是子弹上就留下了其与凹陷摩擦出来的痕迹。"

也许是因为他的解释的确也算详尽的原因吧，大家似乎也都相信了，因此也没有人质疑他的说法。就这样，陪审团判定司迪楼的一级谋杀罪成立，于是他被判处用电椅执行死刑。格林真的不希望自己也是同样悲催的命运，可是再努力地辩护也没能改变犯罪的事实，最终他被判了终身监禁。直到1916年2月，才有一个上诉法庭用支持此案罪犯的口吻说："仔细查阅此案的记录，令人难以置信的是陪审团竟然都没有提出过任何其他的裁决。"

在辛辛监狱等待行刑期间，司迪楼成功地让副监狱长小斯宾塞·米勒相信他是无辜的。米勒将他的想法告诉了《纽约世界报》的记者路易丝·舍尔伯德。为了弄清此案的真凶，路易丝·舍尔伯德雇用了一位来自布法罗的名叫托马斯·奥格莱迪的侦探重新开始调查此案。

奥格莱迪发现此案的两名被告均是文盲，根本就没有书写供词的能力。奇怪的是他们的供词里竟然还有一些较为复杂的短语和句子，这让人无论如何也不敢相信。后来他还发现了牛顿和哈密尔顿工作中的一处巧合——那就是，他们俩都是在司迪楼和格林被判定有罪后才得到了报酬。

奥格莱迪的调查还在继续，但当时第二和第三法庭拒绝重新审理此案。这样一来，司迪楼就必须和时间赛跑了。幸运的是，当时的州长不知怎么就对此案产生了浓厚的兴趣，于是在1916年12月4日，他将司迪楼的刑期减为终身监禁。他还委派了一位来自锡拉库扎的名叫乔治·邦德的律师重新调查此案。邦德立即雇用了另一名叫查尔斯·韦特的调查员做跑腿工作。

邦德和韦特很快就发现两名被告的供词与本案的事实在理论上根本就不相符。司迪楼和格林在已经签字的供词中陈述道：玛格丽特·沃尔科特是从他们身边跑过去的。但如果这是事实的话，那么她一定认得出司迪楼和格林，因为她对他俩再熟悉不过了。而后来为何在知道司迪楼是其中攻击她的一人后还朝他的房子跑过去寻求帮助呢？两人的供词中都说当他们从费尔普斯的房间返回司迪楼的家时玛格丽特·沃尔科特还活着，可是要知道她被打中的是心脏，所以这时候她还活着是不太可能的。以上情况已经够不可思议了，然而还有更离奇的呢！任何人只要到现场看看就能马上意识到，从他们所在的位置来看，子弹根本就不可能按照他们所说的角度进入玛格丽特·沃尔科特的体内，从几何学的角度上讲也完全行不通。

接着纽约侦探局的弹道专家对司迪楼的.22口径的左轮手

枪重新进行了仔细检查。专家们认为这把手枪至少有三到四年没有用过了。他们在枪的周围裹了一层报纸，发射了一发子弹。结果报纸竟然燃烧起来了，是由枪管泄露的热气引燃起来的——这与哈密尔顿的结论有着明显的矛盾，哈密尔顿的说法是手枪后膛的密封性很好，绝对不会漏气。然后他们把枪拆卸了，放进了一个装满棉花的盒子中，连同从玛格丽特·沃尔科特的体内取出的子弹一起拿给了麦克斯·包瑟博士，他是罗彻斯特博士伦总部的一名显微镜检验专家。包瑟不但没找到哈密尔顿在法庭上宣称的微观划痕，而且发现子弹是从一把有制造瑕疵的手枪中发射出来的。这种特殊型号的手枪的枪管内壁本应该有5条凹槽线的，而罪犯所使用的枪却少了一条。司迪楼的手枪没有这种缺陷，因此杀害费尔普斯和玛格丽特·沃尔科特的子弹不可能是由他的手枪发射出来的。当这些证据被呈上法庭后，司迪楼和格林均立即被赦免了，于1918年5月9日被释放。

当法医弹道专家拯救了两个被误判的人时，此案的结果并不像我们期望的那样令人满意。一位名叫金的男子成了此案的犯罪嫌疑人，奇怪的是他竟没有受到起诉；与此同时，哈密尔顿和牛顿的谎言又差一点儿害死了另一个无辜的人。被误判的司迪楼和格林也没有得到任何赔偿。更可悲的是，真实的故事总是出人意料，从来不会出现我们想要的结局。

但是无论如何，此案让美国当局逐渐了解到将犯罪现场得到的子弹与特殊手枪进行精确比对有着极其巨大的实际应用价值。在参与到司迪楼和格林案件中的查尔斯·韦特，开始收集当时所有的被生产制造出来的手枪的数据——例如各种手枪的口径、倾斜角度、膛线的方向以及其他任何对匹配此枪和其射出的子弹有用的细节。一项调查研究显示仅美国制造的枪支很快就已经供不应求。第一次世界大战结束时，大量便宜的进口枪支开始在美国泛滥，尤其是从欧洲进口的。韦特为了不断扩大数据库，同时更进一步了解这些枪支，他特地去了欧洲，并在那花了好几年的时间进行研究。

20世纪20年代，当韦特还在不断完善他的数据库时，弹道专家高尔文·戈达德和化学家飞利浦·格拉韦尔已经开始忙着完善比较显微镜了。这是一个双筒望远镜装置，每只眼睛都能通过独立的显微镜片看到不同的区域。早期最简单的模型就已经可用于比对如谷粒和不同土质的颜色了。

戈达德和格拉韦尔改良对比显微镜是为了能够将几个子弹或弹壳并排在一起进行对比和观察。这项研究掀起了弹道学上的一场革命。1925年，戈达德和格拉韦尔与韦特三人以团队的形式在纽约成立了著名的法医弹道局。他们成立这个组织是为了向全国的警察提供服务，他们不仅在弹道学方面很专业，而且在指纹、血型以及痕迹鉴定分析等方面也很专业——事实上，他们在任何法医相关方面都相当专业。

说到法医弹道局最有名的当属发生在1929年情人节的那个案件。那天的故事发生在一个位于芝加哥市北克拉克大街2122号的车库里，两名着警服的人将乔治·小虫·莫兰团伙的6名成员堵在了墙角。接着又来了两个人，身穿制服，手拿汤普森冲锋枪。然后他们四人一起朝这些人开了足足70枪，其中几个当场毙命，还有几个受了重伤(受重伤的几个不久之后也相继死亡)。

被害者中有一个是流氓，名叫佛兰克·古森贝格。当他躺在车库的地板上时，一名真正的警察接到了报警电话并赶到了事发现场，发现他只有一息尚存了，于是追问他开枪者的姓名。他却回答说："我是不会告诉你的，根本没有人开过枪。"就这样他身中17枪而亡。说也奇怪，就在生命的最后一刻，罪犯依然缄口不言。

此事发生后一年，也就是那个著名的情人节大屠杀发生一年之后，在一位大家都耳熟能详的成功人士的家中竟然发现了两把汤普森冲锋枪，他名叫佛雷德·伯克，此前他曾因被怀疑在密歇根谋杀了一名警察而被逮捕过。戈达德对比了大屠杀中的子弹和在佛雷德·伯克家中找到的汤普森冲锋枪的子弹，发现这两种子弹一模一样。案子进行到此时，警方总算找到谋杀受害者的凶器了。然而令人气愤的是，不管证据对伯克和他的团伙有多强的指向性，总是因为一些所谓的原因，他从来没有因为此案被起诉过。从官方的角度来讲，此案依然处于待解决状态;从非官方的角度来讲，伯克和他的团伙应该对本案负责，其实仅凭法医弹道局对此案的研究结果我们就完全可以给出这样的定论了。后来伯克终于承认了自己谋杀那名警察的罪行，于1940年在监狱中逝世。

随着轻武器的不断改进和完善，弹道专家们也在同步改变他们的办案方法。所有相似的武器都具有某些共同的特征——如子弹的口径，枪管内膛线凹槽的数量和大小，以及弹壳上印记的位置等等。以上这些均被称为"经典特征"。所有相似的武器都具有这些经典特征。例如,枪管口径为.45 的柯尔特式自动手枪都有六个膛线凹槽和一个左手按钮。口径为.45 的柯尔特手枪内的凹槽深度均为 0.0035 英寸,扭动速度为 16 英寸/圈。口径是指枪孔的直径(即枪管内径),以百分之一英寸为单位——如.30 口径的枪指的是此枪的枪孔直径为百分之三十英寸。不幸的是,这个简单的分类系统有时也会有偏差。例如特殊的.38 口径的柯尔特枪的口径为.346,另外所谓的.38~.40 口径的枪其真实口径为.401。另外几年间,小型武器制造商们制造出了好些有着不同口径的特殊枪支,这无疑进一步增加了弹道专家处理案件的复杂程度。尽管复杂了很多,但是经典特征通常还是能够通过发射出的特殊子弹来确定所使用的枪支的类型的。

甚至更复杂的细节,例如枪管转动的速度,也可以利用一些简单公式进行计算。首先,要测量子弹的直径以及与子弹上的一点引到末端的直线相对应的凹槽角度。计算子弹射出枪管的旋转速度的公式如下(单位为英寸):

$$P = \pi \times D \div \tan \alpha$$

$P$ 为倾斜的意思,也就是旋转的意思,$D$ 是子弹的直径,$\tan \alpha$ 为凹槽的角度。试想你看到了一颗口径为.45 的子弹,其直径为.451 英寸,你就会计算出凹槽的角度应该是 5° 04′。你的科学计算器会告诉你 $\tan 5° 04′$ 等于 0.0885。你将 $\pi$ (3.14159)乘以直径得到 1.4168。然后你除以 0.885,就会得到旋转一圈的长度为 16 英寸。

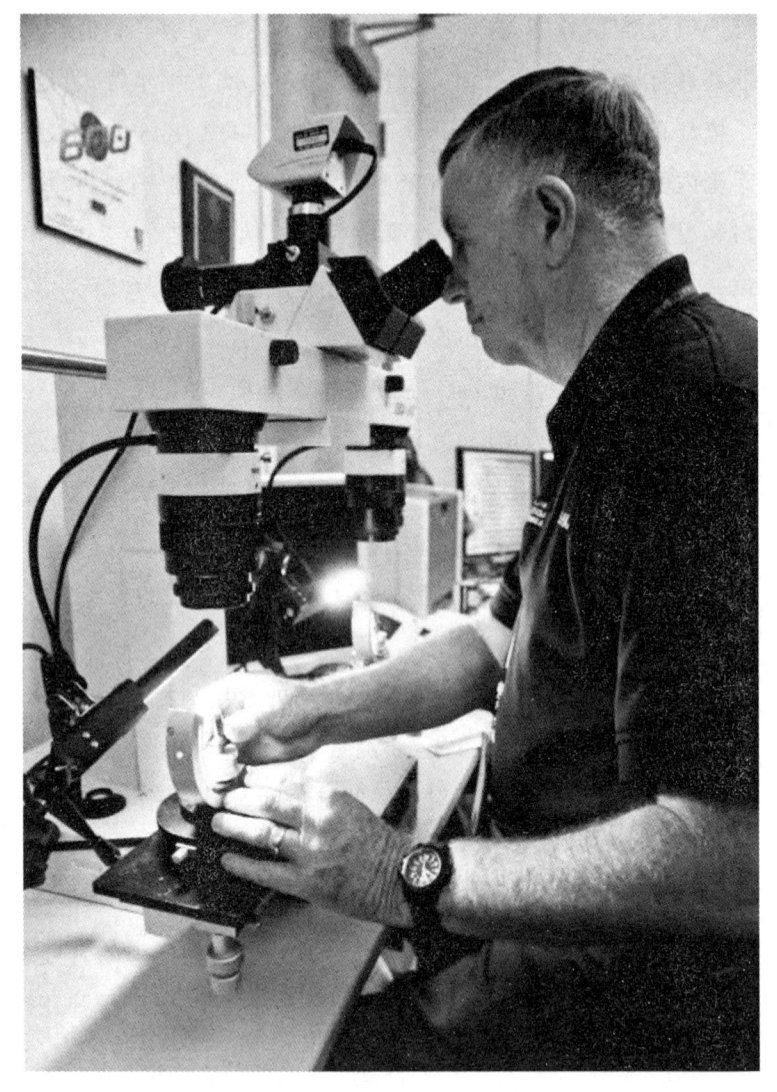

无声的证言 | Silent Witnesses

在加利福尼亚州的圣塔安娜警察局,一位现代法庭调查员正在用对比显微镜观察从犯罪现场取来的弹壳。这种类型的显微镜能够同时对比多个子弹。

第二章 法医弹道学

市场上不同种类的轻武器可谓琳琅满目，这就意味着要想确定一颗子弹的出处首先要了解"经典特征"，同时还要具备市场上现有武器的相关常识。

但是当专家成功地找出发射子弹的枪是什么型号之后，仍然存在的一个问题是：到底是哪把枪发射的呢？好在专家们也找到了确定这个问题的方法，他们的方法与制造这把枪的过程有着紧密的联系。枪管的制造过程其实就是在一根坚固的金属杆上凿出一个孔来，凿这个孔的工具就会在金属杆上留下许许多多细微的划痕。然后再用打磨的工具将这些划痕处理掉，其实在显微镜下还是可以观察到的，还有，最关键的是，这些划痕并不会全部消失掉。接着用另外一种专门的工具将枪管内壁的凹槽进行切割，在此过程中枪管内壁上也会留下一些独特的细小划痕。另外，每一次切割都会给切割工具带来一些微小的变化，也就是说每一个枪管的结构都有着或多或少的细微差异。所有这些差异都说明每一杆枪的枪管都是独特的，子弹经过时留下的纹路也就会略有不同,尽管这些纹路只能在显微镜下看到。根据测试武器中发射的子弹,警方就有理由去怀疑某个人或某些人是涉案的犯罪嫌疑人,然后专家将这些子弹和那些从犯罪现场找到的子弹做对比,就能够通过显微镜判断出纹路是否匹配了,从而也就能够判断出这枪是不是他们在找的那把手枪了。

独一无二的纹路的重要性在安格尔·塞墨尼得斯的案件中得到了很好的诠释,每一把枪准备发射出一颗子弹时这些纹路都会离即将发射出的子弹越来越远。塞墨尼得斯是一位居住在伦敦的塞浦路斯人,他的职业是一名教师,同时也在中央刑事法庭给警察当兼职翻译。正因为从事了这样一份兼职工作,他曾多次受到死亡的威胁。塞墨尼得斯为了进一步增加自己的收入,又做起了职业媒人。他收了西奥多西奥斯·彼得鲁 10 英镑的介绍费——西奥多西奥斯·彼得鲁也是塞浦路斯人,在皮卡迪里大街马戏团的高级餐厅里当服务员,所以他的条件很一般——答应要给彼得鲁找个拿得出 200 英镑嫁妆的新娘。可是很长一段时间之后依然没有给他找到合适的新娘,于是彼得鲁想要要回他的介绍费。不幸的是,塞墨尼得斯只剩下 5 英镑了。他把这 5 英镑递过去,无奈地解释道:"我把其他的钱花掉了。"彼得鲁愤怒极了,不过这也是意料之中的事情。

1933 年 1 月 2 日傍晚,塞墨尼得斯回到汉普斯特德的出租屋并早早就躺下休息了。晚上 11:20 左右,出租屋的前门传来有人敲门的声音,去应门的是另外一位名叫迪比的住客。敲门的人说找塞墨尼得斯博士,迪比就让他进来了。几分钟后,只听到一阵搏斗的声音和几声急促的枪声。迪比承认自己听到枪声后便逃走了。只剩下塞墨尼得斯躺在房间里,被发现时早已中枪而亡。

联想一下当时的状况,警方认定彼得鲁是犯罪嫌疑人,就将其拘留了。当警方对彼得鲁的出租屋进行搜查时,发现了一把.32口径的勃朗宁自动手枪,枪内还留有五枚子弹。其中两枚是标准的自动上膛手枪子弹,为无框式带镍保护层的子弹;另外三枚是.32口径的左轮手枪子弹,为边缘锉平的含铅子弹。对犯罪现场进行了搜查,结果找到两枚射出的子弹,一颗是无框式的自动上膛手枪子弹,另一颗是.32口径的左轮手枪子弹,边缘被锉平了。从塞墨尼得斯尸体中取出的是一颗带镍保护层的自动手枪的子弹。第二颗子弹是从犯罪现场的门板中找到的,是一颗含铅的左轮手枪子弹。调查小组假定找到的子弹是从彼得鲁出租屋找到的那把手枪射出的。

被告方雇用的是杰拉尔德·伯拉德爵士,他跟丘吉尔一样名声赫赫,是英国轻武器方面的专家之一。在专家R. K.威尔逊博士的帮助下,他也开始研究弹壳了。在漫长细致的检测后,两位弹道专家最终证明了在彼得鲁出租屋找到的那把枪并不是此谋杀案中所使用的凶器,因为从尸体中取出的子弹与在现场找到的子弹并不匹配。根据这些证据,陪审团最终判定彼得鲁无罪。真正的凶手一直都没有找到,此案件也没有得到最终的处理。详细的证据对彼得鲁十分不利,然而要是没有伯拉德和威尔逊提供的弹道证据,他很有可能会因为没有犯下的罪而被处以绞刑。

枪支的发明不仅改变了战争的形式,也让触犯法律变成了一件十分简单的事情。携带隐蔽式的手枪已经不是什么稀奇的事情,这使得谋杀本身变得方便,而产生的后果却更加可怕了。进入现代社会,枪杀与其他谋杀手段相比,数量越来越多,发生的频率越来越高。因此分析子弹和手枪就变得十分必要了,对于取证技术也尤为重要。然而,随着各种取证科学的不断发展——就像猫和老鼠的游戏一样,科学家们不断地解决新的问题,犯罪分子也不断地发现并改良他们的作案方式。于是犯罪分子开始注意他们的作案细节。例如:确保作案现场及周围不得遗留任何子弹;确定子弹的冲击力,便于事后对枪支进行处理和销毁。以上列举的这些方法都是当今犯罪分子采用的隐藏其作案踪迹的方法。犯罪分子和取证科学家之间的战斗还在继续着,但是毫无疑问取证科学家注定会是这场战斗的最后胜利者。

## Chapter 3
# 第三章　　血液鉴定

谁想得到这老头儿会有这么多血。

——威廉·莎士比亚《麦克白》第五幕　第一场(1606年)

艾丁·G.厄斯金在《血液分类的原则和实践》一书中评论说:"至少是从历史上有记录以来,人们从未停止过对血液的关注和探索。"没错,血液有着其重要的责任:它维持着生命,然而它的出现又往往说明人或动物的身体受到了伤害,甚至我们还会想到更严重的情况——死亡。因为大多数暴力犯罪都是流血事件,所以对血液的研究一直都是法医鉴定的一个很重要的方向,这一点也并不让人感到意外。

总的来讲,直到20世纪早期血液分析才在犯罪调查中真正发挥作用。在此之前，人们掌握的血液知识相当有限；甚至直到1901年人们才慢慢地掌握了如何区分人和动物的血液的方法。1721年发生在苏格兰的案例就充分说明了缺乏血液分析的知识会造成怎样的严重后果。

威廉·萧住在爱丁堡。他有个女儿名叫凯瑟琳，众所周知，这父女俩关系一直很紧张，主要原因是父亲对女儿交往的那个男孩很不满意。一天下午，左邻右舍们听到萧的屋子里传来了一阵激烈的争论，随后传来的是一阵阵的呻吟声和甩门而去的哐啷声，最后终于安静了下来。

几个邻居担心他们会出事，决定敲门进去看看。没想到怎么敲屋里都没人应答，于是他们报了警。警察到了之后破门而入，映入眼帘的竟是一幅可怕的场景：凯瑟琳·萧躺在血泊里，旁边有一把刀，刀上沾满了血迹。她虽然已经奄奄一息，但还没有断气，然而已经不能说话了。当警方问及父亲是不是罪魁祸首时，她只是点了点头。没过多久凯瑟琳便死了，最终也没能告诉警察整个事情的经过。

又过了没多久，萧回来了。警察发现他的衣服上有血迹便立即将他逮捕了。不久他被控告谋杀了自己的亲生女儿。威廉·萧为自己辩护道：凯瑟琳是自杀的，因为不能和自己所爱的男人在一起（原因是他不同意他们的婚事），便对生活绝望了。同时他承认自己和女儿争论并大吵了一架，但是他绝没有伤害过女儿，他只是一气之下甩门而去。接着他又宣称他衣服上的是他自己的血，几天前他不小心割破了手指，正好那天包扎手指的绷带松了，血液便滴在了他的衣服上。然而他的这些解释和辩护并没有能够说服陪审团,最终萧被认定有罪并判处死刑。1721年11月他被执行绞刑,在生命的最后一刻,他依然说自己是清白的。

原本以为父女两人都死了,此事也就算结束了。谁知邻居家的房客来到萧的家中,竟然在烟囱旁边的小裂缝里发现了一封信。打开信一看,原来是凯瑟琳自杀前留下的遗书。她在遗书中写到父亲反对她和心爱的人结婚,这让她做出了自杀的决定,所以父亲是罪魁祸首。经过仔细辨认,遗书确实是凯瑟琳亲笔写的,这下当局才意识到他们错判了无辜的人。为了弥补这个错误,当局从绞刑架的绳索上取下威廉·萧的尸体,为他举行了基督教教葬——当局能做的也只有这些了。

今天法律制裁中类似于这样的错误是不太可能发生的:现代的科学技术让我们拥有了鉴别血型的能力,所以我们能够很容易地证明萧衣服上是自己的血,从而推断出萧在法庭上并没有说谎,或者至少说明他关于衣服上血迹的陈述是属实的。但是,在1721年拥有这样的科学技术还需要很长一段路要走。

1853年波兰内科医生路德维格·泰克曼的试验是血液分析研究领域内第一次取得的真正意义上的重大进步。他设计出的测试方法尽管冗繁复杂些,但是不失为一种有效的方式。他发现如果将干涸的血样溶解在氯化钠和冰醋酸的混合溶液中,加热后就能在显微镜下看到一种棱状的结晶体,是一种被路德维格·泰克曼医生称之为血红素的物质。直到今天确定案发现场的干斑中是否含有血液的方法也源于路德维格·泰克曼医生的测试方法。

无声的证言 | Silent Witnesses

从牛的血液中提取出来的血红素,这也是泰克曼医生观察到的晶体结构。

十年之后德国化学家克里斯琴·弗里德里克·舒贝因——臭氧的发现者和燃料电池的发明者——发现有血液存在时过氧化氢会起泡沫。即使少量的过氧化氢也能产生这种反应。然而这种方法的缺陷在于很多少量的物质都能产生相同的化学反应,比如精液、唾液、锈迹以及一些种类的鞋油等,因为这些物质中都含有一种特殊的霉,能够氧化过氧化氢。尽管存在缺陷,但舒贝因的方法依然是很有用的,至少它提供了一种快速排除可疑斑迹的方法——如果过氧化氢没有产生泡沫,至少说明斑迹中不含血液;如果产生了泡沫,那说明我们还需要进行进一步的调查和测验。

其他科学家也在同一领域进行着不断的探索和研究,到

## 第三章 血液鉴定

19世纪末期时，科学家们已经研究出了很多方法来验证血液的存在。然而，那个时候还没有研究出区分人类和动物血液的方法。1841年法国化学家巴鲁埃尔认为自己解决了这一难题。他声称将血液与硫酸混合加热，如果是人类的血液，会释放出一种特殊的人类独有的"汗"味。巴黎一些法院认为巴鲁埃尔的说法很有道理，并希望他能够提供将这种方法转化为法庭证据的信息。不幸的是，他的理论事实上根本站不住脚。1850年路德维格·泰克曼也认为自己找到了一种解决问题的方法，他的方法基于血液中晶体的形状。不幸的是，他的方法不但过于复杂，而且很容易出错，因此实用价值也非常有限。

没想到为解决这一难题铺路的竟是生活在很多年前的建筑师克里斯托弗·雷恩爵士（1632—1723），他兴建了圣保罗教堂以及其他很多宏伟的建筑。在牛津大学学习的时候，他就已经是一位受人敬仰的科学家了。1656年，他发明了静脉注射的方法。他当时使用的注射器是由一根带尖的羽毛和一个囊状物组成的。当时并不是像现在一样用细针头插入皮肤，而是切开静脉上方的皮肤使之暴露出来——尽管这种方式很原始（太脆弱的人肯定无法接受这种方式），但却很有效。

我们知道的最早的皮下注射器出现在1853年（大家普遍认为这一发展应该归功于爱丁堡皇家内科医师学院的亚历山大·伍德医生），然而最原始的注射器最迟出现在1814年。当时的詹姆士·布朗德尔医生（1791—1878）曾用其进行输血实验。而早在1667年，巴黎的吉恩·巴普蒂斯特·德尼斯医生（1643—1704）就已经开始进行输血了。尽管德尼斯认为输血应该用人类的血液进行，但是考虑到供血者的风险会很高，他决定使用动物的血液。就这样他的输血产生了致命的严重后果，于是法国和英国明令禁止了输血活动。输血的二次引入得益于布朗德尔医生。他惊喜地发现几乎被抽干血液的狗输入另一只狗的血液后又奇迹般地复活了！然而如果他输入的是另外一个物种的血液，比如羊的血液，狗却死了！直到1818年，布朗德尔才开始在病人之间进行输血实验，但是他一直不明白为什么有的人因为接受输血而存活了，而另外一些人却因为相同的治疗方式却死亡了。

德国的生理学家伦纳德·郎德凡(1837—1902)为这一现象做出了合理的解释，尽管他的解释还有待完善，但是至少说明了一部分问题。他发现一种动物的红细胞和另一种动物的血清——红细胞进行混合，红细胞就会黏着在一起，混合液看起来像粥一样，有的时候红细胞甚至会爆裂。很明显，如果这种反应发生在人体内，肯定会造成很严重的疾病。

最终攻克这一难题的是卡尔·兰德斯坦纳(1868—1943)，当时是维也纳病理学和解剖学研究所的助理教授，他在《维也纳临床周刊》发表了一篇名为《论正常人的凝血现象》的论文。文中描述了卡尔·兰德斯坦纳用自己和同事的血液进行实验的结果。在实验中，他发现混合一个人的血清与另一个人的血清有时候也会产生同样的"黏着"反应，或者用更恰当的科学术语说就是凝血现象。可是问题依然没有解决——这是为什么呢？

他总结说：一些血样会造成另一些血样的凝血现象，说明至少存在两种类型的"抗原"，他将其命名为抗原A和抗原B。血清中包含着一些特殊的抗体，能够与不同的抗原发生反应。

最终兰德斯坦纳将血液总结为四种类型,他将其命名为 A 型、B 型、AB 型和 O 型。不同的字母代表着不同红细胞表面的不同抗原(抗原事实上是一种蛋白质)的种类。A 型血细胞含有 A 抗原,B 型含有 B 抗原,AB 型含有 A、B 两种抗原,O 型不含有任何抗原。血清中含有的特殊抗体能与不同的抗原产生反应。所以,A 型血的血清(更确切地说是血清中含有的抗体)和 B 型血会产生凝血现象,B 型血的血清也和 A 型血会产生凝血现象。AB 型血的血清和 A 型血还有 B 型血都会产生凝血现象。然而由于 O 型血细胞不含任何抗原,所以它能够安全地和任何血清进行混合。通过以上分析我们可以得出结论:只有当给病人输送的血液不与他们自身的血液产生凝血现象的时候才是安全的。

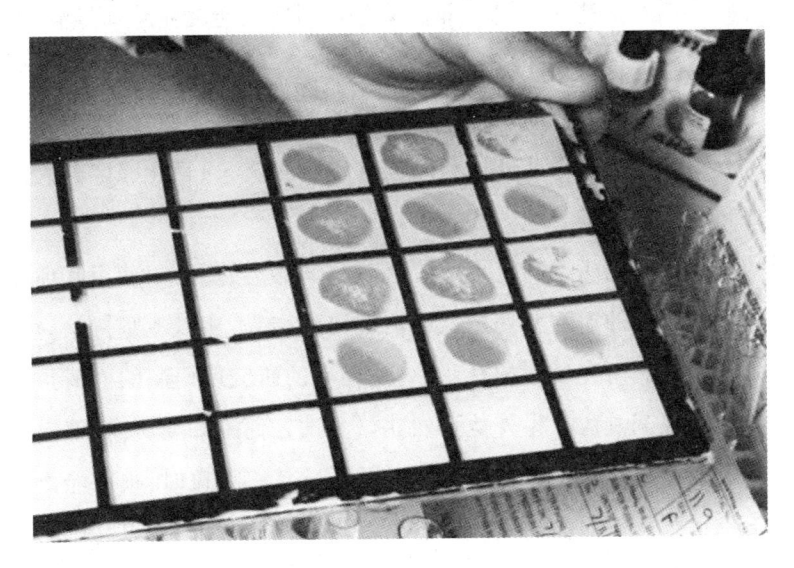

有了卡尔·兰德斯坦纳的发现,现代输血时必须对比供血者和受血者的血型是否相互兼容,以确保输血时不会发生凝血现象。

就在兰德斯坦纳进行研究性实验的同一时期,一位名叫保罗·乌伦胡特(1870—1957)的年轻医生发现了区别动物和人类血液的方法。他的研究成果基于德国生理学家埃米尔·冯·贝林(1870—1917)的一部分研究成果。1890年他发现给动物注射白喉毒素后,动物的血清里便出现了防御性物质。1900年,基于贝林等人(例如比利时免疫学家和微生物学家朱尔斯·包尔德特,1870—1961)的研究成果,乌伦胡特发现:如果将鸡蛋清注入兔子的体内,然后让兔子的血清和鸡蛋清进行混合,鸡蛋清就会从混合液中分离出来,形成一种被称为沉淀的物质。然而只有使用鸡蛋清才会出现这种现象——如果换成其他鸟类的蛋清,那么它们将不会被沉淀出来。之后乌伦胡特用鸡的血液而非鸡的蛋清研制出一种血清,它同样也能沉淀出鸡蛋清。这也就是说他研制出了一种能够沉淀单一动物蛋白质的血清。于是他开始通过实验研制每一种可能的动物对应的血清。他的这些发现不仅让他能够区分不同的动物种类,而且能够区分人类和动物的血液。

之后乌伦胡特制定了一些保障测试的措施。由于使用其他实验室研制的血清会使测试中出现错的结果,所以他坚持认为只有自己的研究所和柏林罗伯特·科赫的研究所研制的血清是官方的规范血清。另外他强烈建议测试任何未知物质前,都应该根据已知样品进行对照测试。在测试某一血斑时,很可能由于受到血斑下面的物质的影响而得出错误的结果。所以乌伦胡特建议任何类似的物质都必须先进行一次单独的测试,这样就能够排除假阳性的可能性了。有了这些保障测试的措施,乌伦

## 第三章 血液鉴定

胡特沉淀测试从来没有出现过任何错误。沉淀测试的实用价值第一次得到证实是在1901年。

1898年9月9日午后时分，德国奥斯纳布吕克附近的一个叫做洛林的小村子里有两名女童失踪。她们的失踪令人格外担忧，于是全村大搜索开始了。快到下午的时候，人们在附近的小树林里发现了其中一名女童的尸体，7岁的哈尼罗·海德曼。映入眼帘的是一幅恐怖的画面：她的尸体被肢解得七零八碎。大约一小时后，人们在草丛下面发现了她的朋友的尸体，8岁的艾尔泽·朗迈尔。她的肢体也同样残缺不全。

很快人们便将怀疑的目光投向当地一位名叫路德维格·泰斯诺的木匠，因为有人看到他从小树林的方向进入村子里，而且他的衣服上沾满了血迹。于是警方迅速逮捕了他，并对其进行审讯，然而他却声称自己衣服上的棕色印记是染木头的染料所致。由于没有办法确切地判断他的说法是否属实，警方只能接受泰斯诺的解释，最终将其释放了。之后他在这个区域又居住了一段时间，有活儿的时候他就去工作，直到1899年他终于搬走了，最终定居在波罗的海吕根岛上的一个名叫格伦的小村子里。

1901年7月1日，那是一个周日，人们发现村子里的兄弟俩，彼得·斯德宝和赫尔曼·斯德宝——一个6岁，一个8岁——被谋杀且被肢解。他们身首异处，脑浆迸裂，躯干和四肢也被肢解得七零八碎。更惨的是赫尔曼的心脏竟被挖了出来，而且不知所踪。

泰斯诺再次成为此案的凶嫌。据一个目击者回忆说案发当天早晨,他看到泰斯诺和两个孩子说过话;另外一个目击者说看到泰斯诺从村子里回来的时候,夹克和裤子上满是深色的印记。当警方找到他的时候,他一口咬定此案与自己无关,但是在对他家进行进一步的搜查时,警方发现他刚刚清洗过的衣服上的印记和斑点十分可疑。然而他再次像从前一样解释说斑点是他染木头时滴在衣服上的染料,像从前一样警方又将其释放了。然而一个地方法官想起几年前的洛林谋杀案中也提到过泰斯诺的名字。同时当地的一个农场主也说自己曾看到一个与泰斯诺长得非常相像的人屠杀七只绵羊的场景:这些绵羊不但死了,而且被砍杀得七零八碎,场面令人恐惧。当泰斯诺和其他人站成一列时,这个农场主一眼就认出了他。

尽管有人证,但警方还需要实物证据才能控告泰斯诺是这两起谋杀案的真凶。就在洛林谋杀案发生前四个月,乌伦胡特就已经能够通过测试区分人类和动物的血液了。警方和当局听说此事之后,马上和他取得了联系,并请求他对泰斯诺衣服上的以及砸破孩子头颅的石头上的血迹进行测试。乌伦胡特已经做好了进行这种测试的准备,他运用自己的方法对一百多个血斑进行了测试。很快他公布了结果:他确实在印记中发现了染木的颜料,但更重要的是,他发现了绵羊和人的血液,各自均不相同。有如此的铁证,他谋杀的罪名自然是成立的。

大约10年之后,血液分析才首次被英国警方运用于破获谋杀案件中。

1910年7月,人们发现70岁的寡妇伊莎贝拉·威尔逊死在了自己经营的二手服装店(位于劳斯商业街)的后厅里。她的

第三章　血液鉴定

脸紧贴在一块垫子上，因为有围巾紧紧缠绕着，所以她完全无法呼吸。警方发现她头部的左右两侧都有伤痕，说明她被钝器敲打过数次。凶手作案的动机似乎也很明显——大家都知道威尔逊太太总是将钱包装在围裙下面的口袋里，甚至有人造谣说她的口袋里有时候甚至装着二十枚金币。警方发现她的钱包就在她的尸体旁边，里面什么也没有。另外，警方在尸体旁边的桌子上发现了一张棕色的纸，纸上有好多环状的印记。大家都知道威尔逊太太通常都将金币包裹在棕色的纸里——很明显凶手拿走了金币，却丢下了纸。

警方很快打听到一个名叫威廉·布鲁姆的男子，他25岁，是一名下岗的汽车修理工。从前他和威尔逊太太是邻居，后来他和家人一起搬走了。威尔逊太太出事那天，好几个人都在劳斯看到了他。谋杀案发几天之后警方在哈勒斯登发现了威廉·布鲁姆的行踪。于是他被带到当地的警察局接受审问，而他却说案发那一整天他都在伦敦，这和几个目击证人的陈述明显是相悖的（目击证人的证词几乎使他成了犯罪嫌疑人）。当问及他身上是否有钱时，他只从身上掏出了几个先令，随后令人惊讶的是，他解释说在位于摄政公园的爱伯尼街的家中藏有20枚金币。

警察发现布鲁姆的脸上有两道抓痕。他解释说脸上的抓痕是和当地的一个博彩庄家打架留下的，原因是他在一场比赛中打赌打赢了，那20枚金币就是他打赌赢来的。另外威尔逊太太留着长指甲，但是出事后其中一个指甲断了。警方估计肯定是在自卫并与袭击者撕扯的过程中弄断的。

1910年10月22日，布鲁姆被带到艾尔斯伯里巡回法庭受审。他的讲述一如从前，坚持说威尔逊太太被害当天他在伦敦。听了他的话，控诉方很快请出几名认识布鲁姆的目击证人，他们坚持说在劳斯看到过布鲁姆。但是真正引起轰动的是当威廉·威尔科克斯医生走上证人席的时候——由于为臭名昭著的克里平医生案提供证据而小有名气。调查小组要求威尔科克斯仔细观察从案发现场已故的威尔逊太太手上剪下来的几片指甲，以及布鲁姆的一双鞋子和一些衣服。

威尔科克斯发现威尔逊太太的一片指甲内粘着一小块皮肤，同时皮肤上还有血迹。当他将注意力放在布鲁姆的鞋子上时，他发现：尽管布鲁姆仔细地清洁和擦拭了鞋面，却疏忽了鞋背上的印记。经过威尔科克斯的仔细观察和研究，他确定那些印记是血液，是哺乳动物的血液。当问及这是否意味着很可能是人类的血液，他肯定地回答说极有可能，但是他并不想去证明是人类的血液还是某种哺乳动物的血液，或者是某种动物的血液。可能是因为威尔科克斯认为已经铁证如山了，就用不着他花更多的时间去调查诸如此类的细节了。

之后威尔科克斯开始研究案发现场发现的棕色纸张。经过仔细观察，他发现了一些金粉。于是他宣称已故的威尔逊太太确实是把金币包裹在棕色的纸里面了，更让人震惊的是，他还宣称自己能够确认纸里包裹着20枚金币，正好与警方在布鲁姆家中发现的金币数目吻合。威尔科克斯一出场便产生了巨大的影响力，陪审团的每个成员都全神贯注地盯着他，气氛简直就像观看一场精彩的魔术表演一样热烈。毫无疑问，他的证据决定着布鲁姆的命运——法官总结后，陪审团只用了 13 分钟就认定他有罪。最终他被判死刑。

血清学的第二个显著进步发生在意大利。1915 年都灵的一位法医学讲师——莱昂内·拉特斯博士决定致力于研究如何通过实验判定干了很久的血液的血型。研究的契机说来也着实匪夷所思，就是他被请去处理一件家庭日常纠纷。

一位名叫兰佐·吉拉尔迪的建筑工人从外地坐火车回到家中时，衬衫上不知怎么竟出现了一些血斑。他妻子看到后，偏执地认为他肯定出轨了，于是控告他犯有通奸罪。尽管他自己也不确定血斑是怎么回事，但是他极力否认妻子的控告。妻子无论如何也不相信丈夫的话，这让吉拉尔迪苦恼万分。3 个月之后，吉拉尔迪开始有些绝望了，于是他来到法医研究所进行咨询并寻求帮助。尽管血斑已经干了很久，但是当时正好在研究所工作的拉特斯同意对血斑进行检测并判断血斑的来源。吉拉尔迪认为那些血斑很可能是他自己的血，虽然也有可能是他妻子的血或者也有可能是买牛肉时溅在身上的牛血。

很快拉特斯确认那些血斑是人类的血液，这就排除了吉拉尔迪说的最后一种可能性。那么到底是谁的血液呢？拉特斯经过检验发现，吉拉尔迪是 A 型血，他妻子是 O 型血。同时他也检验了吉拉尔迪妻子的一个朋友的血型，因为那个时候她也在吉拉尔迪的家中，正好处于女性生理期，拉斯特推测衬衫上的血也有可能是她不小心染上的。结果发现吉拉尔迪妻子的朋友也是 A 型血。尽管这起婚姻纠纷并不能产生什么重要作用，但是对这个案子的研究却让拉斯特乐此不疲。

他先将染有血斑的布放在蒸馏水中浸泡，然后又费了很大功夫才确定了血液的精确重量。这似乎让人感觉有些过分注重细节了，其实拉特斯这样做是为了防止血液出现疑似凝集的现象，因为试验溶液很可能会因为血清浓度过高或者说血清中含有的红细胞数目过多而产生凝集。

尽管血斑已经有三个月之久，拉特斯仍然能够将其转化为几滴液体血液。他将血液滴在载玻片上，然后分别向未知的血液中滴入A型血和B型血。结果发现未知血液与B型血产生了凝集现象，这也就说明未知血液是A型血。因此血斑很有可能是吉拉尔迪自己的血或者是他妻子的朋友的血。拉特斯在显微镜下的进一步观察发现女性的经血中不含有表皮细胞（皮肤细胞或者黏膜细胞），说明未知的血液一定不是女性的经血。另外吉拉尔迪患有前列腺病，偶尔会出血。以上证据充分说明吉拉尔迪没有说谎。于是他的妻子不得不承认自己错怪丈夫了，从此吉拉尔迪的生活又恢复了从前的平静。

也许处理婚姻纠纷得出的结论不能像将凶犯绳之以法那样对法医鉴定产生突破性的影响，然而这对拉特斯来讲，毫无疑问是一次重大胜利——由此他证明了干了很久的甚至是三个月之久的血液也有化验出血型的可能性。从这个案子之后，拉特斯就对血液分析着了迷，开始专门研究血清以及血清学在案件侦破中的应用。

拉特斯在成功处理吉拉尔迪案之后不久，他又成功地证明了一名谋杀凶嫌的清白，运用的也是和之前一样的技术手段，他证明了谋杀凶嫌衣服上的血与他自己的血型相匹配，而与被害人的血型不相匹配。之后他又发明了一种更简便的测试方法——将少量的被测试的干燥血液的粉末置于显微镜载玻片上，滴入新鲜血液，然后盖上盖玻片。新鲜血液中的血清就会将被检测的干燥血液进行溶解，这样就省得事先耗费时间培育液体样品了。如果新鲜血液和被检测的干燥血液属于不同的血型，那么将会出现凝集现象。1922年拉特斯出版专著《血液的独特性》，这本书后来成为该领域的经典读物。但是拉斯特这个名字在意大利（事实上是在全世界）真正变得家喻户晓是在1926年。也正是在这一年，他参与到了布鲁内里-卡内利亚事件中，这个事件一直持续了四十多年。

此事发生在都灵的一个犹太墓园。墓园的看门人看到一名男子鬼鬼祟祟，行迹十分可疑。一开始看门人以为这个男子在祈祷，后来走近了才意识到他正在从墓中盗取随葬的青铜花瓶。当这名男子察觉到自己被人发现时，他蹑手蹑脚地躲到了教堂里，然后打算自杀，还好看门人及时抓住了他。

受审时这名男子称自己失忆了。鉴于他的这种说法，当地法官将他扣留在了克莱尼亚精神病院，被记为"未名，编码44170"。同时当地法官也安排在当地报纸上公布这名男子的照片，希望有人能认出他是谁。

一段时间之后，一位名叫茱莉亚·孔切塔·卡内利亚的女士看了照片，坚持说这名男子是自己失踪了很久的丈夫朱利奥·卡内利亚教授。朱利奥曾经是一名哲学教授。1909年他与人合伙创立了《新经院哲学评论》，1916年又合伙创立了《晨报》。之后他与表妹茱莉亚结为夫妻。茱莉亚的父亲是一位巴西富商。

婚后不久，卡内利亚上了战场，那时第一次世界大战已经爆发，但不久卡内利亚便消失了。他的妻子唯一知道的关于他的消失是穆纳斯山之战中他头部中枪，伤势严重。他的战友说他好不容易捡了一条命回来，却被敌军捕获了。因为没有在战场上发现他的尸体，大家似乎也都相信了这种说法。然而，囚犯的名单中也没有他的名字。

茱莉亚要求去精神病院看看，1927年2月27日当地法官同意让她和这个身份不详的男子见面了。当地法官做事相当严丝合缝——为了避免给这个男子造成精神上的不必要的麻烦，制造出了一种偶遇的效果。于是他被带到了精神病院的修道院那里散步，迎面正好碰到了茱莉亚·卡内利亚。可是当他看到茱莉亚的时候面无表情，完全不像认识的样子。然而茱莉亚却不这么认为——她确认她见到的这个男子就是她脑海中丈夫的样子。

于是当地法官又为他们安排了第二次"随机"见面。这次这个男子告诉他身边的陪同人员：他依稀觉得自己好像认识茱莉亚，而且她似乎唤起了自己对往事的回忆。由此，当地法官又安排了第三次见面。显然这次茱莉亚再也抑制不住内心的情感了，她激动得泪流满面。看到这场景，男子用茱莉亚非常熟悉的方式将她拥入怀里。精神病院的医生最终确认他们一直静心照顾的病人正是卡内利亚，因为在同一天下午的第四次见面中，他已经回忆起了他的童年时代。

最终官方确认他就是卡内利亚教授，1927年3月他和妻子一同返回了维罗纳市。这个大团圆的故事确实很具有戏剧

## 第三章　血液鉴定

性,难怪得到了许多媒体的关注,比如都灵的《新闻报》头条便是"哭泣、颤抖和拥抱之后的曙光"。

1927年3月3日,也就是大团圆结局之后几天,都灵的执政官便收到一封匿名信,信中说这个男子根本就不是什么卡内利亚,其实他的真实名字为马里奥·布鲁内里,他也不是什么教授,只是一个打字员,出生于1886年。他是一名肆无忌惮的无政府主义者和四处招摇的骗子,从1922年开始都灵警方就因为他的许多罪行到处搜捕他。帕维亚和米兰等其他几个城市的警方也在寻找他的下落。他的犯罪记录很多,包括偷窃和诈骗,他也曾因此被监禁过数次。布鲁内里曾经失踪了6年,为了和自己的情妇们生活在一起,他竟然不顾一切地抛弃了自己的家人。

布鲁内里的犯罪记录写得非常详尽,其中关于他的身心特征的描述与这个声称名叫卡内利亚的人极其相似。1927年3月6日,那是一个星期天,执政官员认定他愚弄了当局,于是派人逮捕了他。当天便将他重新带回了都灵。

两天后,执政官员请来了布鲁内里的家人,看看他们是否能够确认他的身份。第一个认出他的是妻子罗莎·内格罗,同时认出他的还有他们14岁的儿子朱赛皮诺,孩子跑到父亲跟前大声喊道:"爸爸,爸爸!"卡内利亚马上回复说:"小家伙,找你的家人去!我有自己的家人!"当被问及"为什么否认儿子认出了你",他皱着眉头,回答说:"怎么能让儿子认爸爸呢?让爸爸认儿子还差不多!"他的两个姐妹,玛利亚和玛蒂尔达,还有他的弟弟菲利斯也都认出了他。

面对如山铁证，他依然否认自己是布鲁内里，而且完全没有认出家人的任何表现。甚至当他的一个情妇也认出他时，他还在顽固地编造着卡内利亚教授的故事。为了摆脱一步步的逼问，最后他竟然假装晕厥。

于是执政官员派人采集了这个男子的指纹，以便和布鲁内里犯罪记录中的指纹记录做对比。接着采集的指纹被送到了罗马的中央警察档案馆。尽管最开始发现指纹并不匹配，但是第二次更加精细的观察证明完全匹配，于是罗马科学研究院发回了电报，确认布鲁内里和那个卡内利亚教授确为同一人。接到这条消息，卡内利亚或者说布鲁内里立刻被囚禁在了克莱尼亚精神病院里，等待他的是法庭的审判。

到这个时候我们的拉特斯教授该出场了。他指出揭露真相还有比对比指纹更简便的方法，那就是对比"卡内利亚"与其父母和孩子的血液。血型具有遗传性。举个例子：如果父母双方均为 A 型血，而"卡内利亚"是 B 型血，那么很显然他不是他们的儿子。类似地，如果他是 O 型血，他的孩子是 A 型血或者 B 型血，那么他很有可能是孩子们的父亲。拉特斯宣称："只要让我采集到每位相关人员的一滴血液，我就能通过血型化验来消除所有的疑虑，并判断出'卡内利亚'和偷盗犯布鲁内里是否确为同一人。"

然而拉特斯终于没能得到验证其血型理论的机会——"卡内利亚"和他的家人都不愿意接受血液采集。就这样这个案子被搁置了，这个男子的真实身份成了意大利的一个谜团，直到 1941 年 12 月 12 日这个男子去世前，他还一直说自己是卡内利亚教授。尽管最终血液分析的理论没能成功地运用到这个案子中，但是由此也吸引了很多公众的目光，无形之中也提高了拉特斯的声誉。

一直在德国柏林研究血清的专家弗里茨·希夫(1889—1940)是血液分析领域下一个重大进步的推动者。他读过拉特斯在《血液的独特性》(德文译本)一书中介绍的血型判定方法，因此他的方法很大程度上是对拉特斯试验方法和理论的保留和沿用。我们知道拉特斯的理论其实是来源于兰德斯坦纳的发现。在本章一开始我们也讲到了这个内容，兰德斯坦纳的这些发现源于不同种类的血型相互混合时会出现凝集或者"黏着"现象。兰德斯坦纳识别出了血清中的抗体和红细胞中的抗原。红细胞中的凝集原(抗原)分为两种：抗原A和抗原B。血清中对应的凝集素(抗体)被称为抗体A和抗体B。抗原和抗体按照下列方式在不同的血型中进行分配和组合：

A型血：红细胞中抗原A，血清中抗体B。

B型血：红细胞中抗原B，血清中抗体A。

O型血：红细胞中无抗原，血清中抗体A和抗体B。

AB型血：红细胞中抗原A和抗原B，血清中既无抗体A也无抗体B。

A型血中的抗原与B型血中的抗体混合，之所以会出现黏着现象，是因为B型血的血清中含有与之相对应的抗体。于是抗体黏结在抗原上，形成凝集现象。

A型血中的抗原与O型血的血清混合也会产生凝集现象，因为O型血的血清中也含有抗体A。但是O型血细胞能够与其他三种血液的血清混合而不产生凝集现象，因为O型血中不含有任何抗原。AB型血能够接受A、B和O三种血型，因为AB型血的血清中不含有任何抗体，因此不会和任何抗原黏结在一起。但是AB型血绝对不能给A型血或者B型血进行输血，一旦这么做，便会产生凝集现象，因为A型和B型血的血清中含有的抗体能够在AB型血中找到与之对应的抗原，并黏结在一起。知道了以上情况，血清学家就能很容易地通过简便的排除法来判断未知血液的类型。

不幸的是，O型血中的抗体B比抗体A更容易迅速失去效力。当这种情况发生的时候，血型化验的结果就很容易出错，很容易将O型血判定为B型血。同样的，A型血中的抗体B会自行分解消失，这样便很容易被判定为AB型血。这种方法的复杂性使得拉特斯血液测试体系的可靠性受到了严重的质疑。

可是希夫找到了一种可能的解决方法。尽管血清中的抗体分解了，但是红细胞中的抗原依然存在并保持效力。根据希夫的理论，他认为这就意味着来自干了很久的血斑中的细胞被加入新鲜的血清中，尽管抗体可能已经失去了正常情况下的凝集的能力，但是依然还会发挥一定的作用。事实上，它们应该会黏结并吸收血清中的一些抗体。因此，如果有一种方法能够准确地测量出干了很久的血斑中的细胞以及能够吸收的抗体的数目，那么干了很久的血斑中的血液属于哪种血型就可以被判定出来了。可问题是如何测量加入细胞前后血清的效力呢？有了这种想法，希夫便开始了他的研究工作，可是努力了很久之后依然没有找到解决问题的方法，最终破解这个难题的是一位名叫弗朗茨·约瑟夫·霍尔策的年轻法医。

霍尔策研究和解决这个问题的工具是显微镜和载玻片(上面带有八个小"井")。首先他在每个井里滴入几滴用盐溶液稀释过的不同浓度的 O 型血血清(之所以选择 O 型血是因为血清中含有抗体 A 和抗体 B,能够分别与 A 型血和 B 型血的血细胞起反应)——每个小井中盛装的溶液体积均变成稀释前的两倍;然后他在每个井中滴入相同量的新鲜血细胞,并观察有多少血细胞能被血清沉淀出来。记录下测试结果之后,他又重新进行测试,这次他用的是未知的血斑,然后他重新核对了血清浓度。之后便是简单的排除工作了。

几年之后,确切地说是 1934 年,英国出现了第一起涉及法医血清学的谋杀案。尽管血液分析在这起案子中并不是至关重要的,但无疑它起到了很重要的作用,考虑到这起案件的怪异和恐怖,笔者认为跟大家分享一下这个故事还是很有必要的。参与此案的病理学家是著名的西德尼·史密斯爵士(1883—1969),他是新西兰人,在英国的爱丁堡学习医学。其间他对在爱丁堡大学执教的约瑟夫·贝尔博士的生活和工作都十分感兴趣。他不但是法医学的先驱,而且他超群的观察和推理能力启发了柯南·道尔,使其创作了"名侦探福尔摩斯"系列故事。尽管运用贝尔的方法能够成功地解释案发现场的情况,但是随后史密斯成功地解开了一位埃及青年官员的死亡之谜,原来他是自杀,而不是一些人想象的被人谋杀。1934 年,史密斯是爱丁堡大学教授法医学的讲座教授。这一年他参与了 8 岁的海伦·普利斯特里谋杀案,此案使他名声鹊起。

海伦和父亲约翰、母亲艾格尼丝一起生活在位于亚伯丁郡厄克特大街 61 号公寓楼的二层，那里既单调又拥挤。公寓里只有两间屋子，因此居住环境相当拥挤和杂乱。左邻右舍都说海伦是个奇怪的孩子，常常会有些古怪的行为。

1934 年 4 月 21 日，那是个周六，海伦的妈妈让她去只有几百码远的商店买点面包回来。于是海伦去了那里并买好了面包，烘烤面包的师傅说她买面包的时间是下午 1:30。但是海伦离开商店之后就消失不见了。发现海伦不见了，搜索行动便立刻展开了。当地居民和警方找遍了所有的大街小巷，也没有发现海伦的踪影。

就在这时，海伦的一个朋友——一位 9 岁的名叫迪克·萨顿的小男孩——带来了一则消息，完全改变了调查的形势。迪克说他看到海伦被一个穿着邋遢的黑衣男子拉拽着，拖到了一辆有轨电车上。于是警方马上在各处散布了黑衣男子的消息，同时将搜捕行动扩大到了亚伯丁郡的远郊。警方甚至在当地的广播电台和电影院都播放了此案的相关信息。

凌晨两点约翰·普利斯特里和他的朋友也是邻居的亚历山大·派克一起回到家中。他俩已经精疲力竭。寻找海伦那么长时间，实在是太累了，于是两人倒头便睡。没过几个小时，大约也就是五点钟的样子，亚历山大·派克说他要先去继续寻找海伦的下落了，让约翰·普利斯特里再多休息一会儿。当他下楼的时候，他看到楼梯空隙里塞着一个很大的蓝色麻袋。看到这情景，他心生疑虑，决定看个究竟。当他打开麻袋时，可怕的一幕映入眼帘：麻袋里面竟然蜷缩着海伦·普利斯特里的尸体！后来

## 第三章 血液鉴定

才发现她是窒息而亡。奇怪的是,她的内裤不见了,大腿内侧和生殖器部位到处都是瘀青和疤痕,这表明她很有可能还被人强奸过。

于是警方向派克询问相关情况。派克说凌晨两点他和海伦的爸爸回到家中的时候,确实没有看到那个麻袋。听了这个描述,警方确信凶手一定是在凌晨两点到五点之间去了海伦家,并且故意将尸体留在她家中让人发现。但是,没多久警方就发觉他们的这个理论或许有些行不通——当晚彻夜大雨,可是那个麻袋却没有一点儿潮气。这怎么可能呢?再说大街上那么多寻找海伦的人,怎么可能没有一个人看到凶手背着那么大的麻袋去了海伦家呢?

于是警方又找到小男孩迪克·萨顿,希望通过他能更多地了解他看到的那个嫌疑人的情况。可是没想到那个小男孩说整个故事都是他编造的,其实他什么都没有看到。小男孩的谎话不仅浪费了警方的很多时间,而且分散了警方搜捕的注意力,他们该在当地全力调查的,然而却因为迪克·萨顿的谎言将范围扩大到了外地。

麻袋的出现和"黑衣人"的捏造使得警方不得不重新考虑此案的其他可能性。他们认为凶手很可能离开海伦家的公寓后就再也没有回来,当然凶手也有可能根本就没有离开过公寓。于是警方开始采访当地的居民。普利斯特里家中有没有发生过争执?约翰或者艾格尼丝有没有虐待过海伦?公寓里有没有看到有可能会伤害到海伦的可疑人?警方按照这个思路进行了调查,发现普利斯特里和唐纳德两家人的关系一直很紧张。唐纳德家住在一层，普利斯特里家正好住在二层。亚历山大·唐纳德是一位勤勤恳恳的理发师，他的妻子詹尼是一位家庭主妇，负责做家务和照顾他们的小女儿，名字也叫詹尼。

詹尼·唐纳德经常训斥海伦·普利斯特里，并严厉地责骂她的坏习惯。因此大家都知道海伦一直对唐纳德家心怀不满；很明显海伦经常欺负唐纳德家的孩子，踹他们家的前门，破坏他们家公寓外的楼梯扶手，甚至在门外叫骂詹尼·唐纳德。每次回家，海伦都必须从唐纳德家经过。说来也奇怪，厄克特大街61号公寓楼中只有唐纳德家没有参与到此次搜寻海伦的行动中。

于是警方对唐纳德一家产生了浓厚的兴趣。同时，警方对那个装着海伦尸体的蓝色麻袋进行了细致的观察。警方注意到了几个很关键的点：麻袋上印有加拿大面粉出口的标志，说明麻袋从前是用来装面粉的，麻袋里还有一些残存的冲洗过的炉渣（就是在当时也是一种很古老很不寻常的清洁方法）。麻袋上还有一个蒸锅底的印记，这说明这个麻袋很可能也曾被用作临时的桌布。

没有多少地方会使用加拿大进口的面粉，但奇怪的是厄克特大街附近还真有一家面包店用这种面粉。当警方了解情况的时候，面包店老板说店里确实有印着相同标志的面粉袋子；但是他也提供了一条线索，有一名女性顾客说她需要一些这样的面粉袋子，于是老板便给了她几个。他口中描述的那位顾客的穿着和长相和詹尼·唐纳德极为类似。

证据渐渐浮出水面：厄克特大街61号公寓楼中有一位住户说海伦失踪的当天下午1:30左右自己听到了一个孩子的

尖叫声。这个住户是一名泥瓦匠,在公寓楼后面的小巷子里工作。

警方全面搜查了唐纳德的家,结果发现了九个麻袋,和装海伦尸体的麻袋一模一样,而且每个麻袋上都有一个蒸锅底的印记。这还不算,最关键和最重要的证据是:警方在屋子里的油布上、报纸上以及一支硬毛刷上都发现了血斑。这个时候西德尼·史密斯爵士和他的法医技术对此案的重要作用便突显出来了。通过测试,史密斯发现那些血斑是O型血,正好和海伦·普利斯特里的血型吻合。其实这一证据已经足够定罪了,然而西德尼·史密斯爵士又发现了更关键的证据——海伦患有一种很奇怪的病,使得她的脑丘比常人要大一些,同时使她的体内出现了一种罕见的病菌;通过微生物试验发现唐纳德家到处都是这种病菌:地板上、桌面上还有抹布上。最后西德尼·史密斯爵士仔细地观察了麻袋的纤维,发现里面含有棉、羊毛、丝绸、猫毛、兔毛,还有一些被烫焦了的头发。

就这样唐纳德一家被捕并接受审讯。由于亚历山大·唐纳德有足够的证据说明海伦被谋杀的时候他在很远的地方,根本不具有参与此案的作案时间,因此他很快就被警方释放了。于是警方便把注意力集中到了詹尼·唐纳德身上。警方采集了詹尼的几根头发,请格拉斯哥大学的约翰·格莱斯特教授做鉴定。教授肯定地说詹尼的头发与蓝色麻袋上发现的头发完全一样。此案到这时候似乎已经铁证如山了:詹尼·唐纳德就是谋杀小女孩海伦·普利斯特里的真凶。

但是显而易见,被告方在庭审中反驳主线将是:作为一名女性,詹尼·唐纳德不可能实施强奸。为此,原告方请西德尼·史密斯爵士对海伦·普利斯特里的尸体进行进一步的细致观察。最初的观察让西德尼·史密斯爵士十分不解的事实是:在海伦的体内并没有发现精子的痕迹。当他仔细观察了海伦身上的瘀青和疤痕后,他说这些瘀青和疤痕并不是强奸造成的,而是由锤柄或者扫帚把所为。凶手如此费尽心思,很明显是为了让人以为凶手的作案动机是强奸。

最后的这一发现,再加上之前法医学(包括血液分析)的相关证据,足以证明詹尼·唐纳德在劫难逃。于是她被判死刑,后来又改为终身监禁。1944年她被释放,然而直到1976年她以81岁高龄离开人世,她都从来没有承认过自己犯过如此的罪行。

尽管法医学在艰难前行中持续不断地取得了很多成绩和胜利,然而法医学证据依然很难说服缺乏法医学知识的公众(最关键的是无法说服陪审团成员)。这样的证据也许在某种程度上增加了罪案的分量,但是如果没有犯罪嫌疑人的坦白和承认,不足以给犯罪嫌疑人定罪。当然,这也不是说法医学的证据没有作用,只是说单凭法医学的证据很难让犯罪嫌疑人服法。在这里我们不妨举一个案例:平井良树,一位年轻的日本小姑娘,1928年在日本被奸杀。很快警方发现了两名嫌疑犯,其中一位是患有精神方面疾病的乞丐,后来他承认袭击并谋害了良树。如果不进行血液分析,人们很可能就接受了乞丐的谎言,以为他就是本案的真凶。然而,测试结果表明杀死良树的凶手应该是A型血,然而这位乞丐却是O型血。另一位嫌疑犯,名叫

## 第三章　血液鉴定

星江波,正好是 A 型血,当警方拿出这个证据的时候,他承认了自己的罪行。可是设想一下,假如他不承认呢?恐怕奸杀的罪名也不能轻易加到他身上,因为毕竟有成千上万的人都是 A 型血呢!事实上,所有的证据都只能证明这位乞丐不是凶手,而不能证明星江波就是凶手,然而这也足以让警方辨别嫌疑犯的供认是否属实。由于精确度的问题,血清学在法医鉴定中的作用始终很有限,直到很久之后指纹法的发展才改变了这种状况。尽管血液分析法是法医鉴定中一种很重要的方法,然而事实告诉我们 20 世纪 50 年代之后,大多数案件的破获靠的是指纹法和纤维分析法,而不是血清法。

但是寻找证据绝对不能仅仅靠分析遗留下来的血液的来源和构成,还要观察血液的位置和血液被遗留下来的方式:溅落的?滴下的?泼洒的?落下的?还是喷洒的?专业人士一看这些就能明白谋杀或者袭击是怎样展开的,甚至还能看出受害人是准备回击还是准备逃跑。研究血斑遗留方式的第一人是 19 世纪 90 年代波兰法医学研究所的爱德华·彼得罗夫斯基。1895 年,他发表了一篇名叫《因殴打致头部受伤遗留的血斑分析——来源、形状、方向和分布》的科学研究报告。

法医学历史上最有名的案例之一是塞缪尔·福尔摩斯·谢泼德医生案——此案恰好就运用了这种分析方法,此案也是美国犯罪史上最臭名昭著和最具有争议的谋杀案之一。

谢泼德,1923 年出生于克利夫兰,三个兄弟中排行最小。他在克利夫兰高峰高中上学时,是一名很优秀的学生,连任三年的班长。高中毕业后他决定学习骨科医学专业,于是考取了印第安纳州的汉诺威学院，之后他又在洛杉矶医学院求学。1945年2月他与自己的未婚妻玛丽琳·里斯完婚，并一起移居到了俄亥俄州海湾村的住宅中生活，因为在那里谢泼德能够参与到父亲的医学实践中。

小两口安定下来将要开始新生活了，这是一幅多么美好的生活画面呀，然而好景不长，没多久这幅美好的画面就被撕碎了。1954年7月4日凌晨谢泼德的妻子——玛丽琳·谢泼德——在家中卧室里被人殴打致死。死的时候她已经怀孕。

谢泼德的解释是这样的:晚宴之后，他在客厅里睡着了。没多久他就被唤醒了，他确定是妻子在喊他的名字。于是他立刻跑到楼上，看到有人正在和妻子扭打。他还没动手，就感觉当头一棒，随后便晕了过去。等他恢复知觉的时候，映入眼帘的便是妻子血斑累累的尸体。突然他听到楼下有动静，然而当他摇摇晃晃走下楼梯时，看到一个毛发浓密的男子从后门窜了出去。于是他跟着追了出去，准备袭击这个男子，可是没想到又被人当头一棒。等他再次恢复知觉的时候，他发现自己躺在伊利湖（他家的住宅就在其后）的岸边，双脚浸泡在湖水中，上身裸露，T恤不翼而飞。

他迷迷糊糊地回到家中，发现妻子已经断气了，于是他先给邻居约翰·斯宾塞·霍克市长打了电话，然后疲惫地躺到了客厅的沙发上。霍克及其家人赶到谢泼德家时大约是凌晨五点。接着他们便报了警。很快警方和凯霍加县的一位名叫塞缪尔·格伯的验尸官就赶到了。格伯发现玛丽琳·谢泼德平躺在床上，浑身是血，身上只穿了件睡衣的上衣。她是被殴打致死的，至少

## 第三章　血液鉴定

被殴打了35下。另外发现她身子底下有一只枕套，上面的血斑所呈现出的似乎是一种外科手术器械的形状，至于到底是什么器械还不能完全确认。住宅显然被洗劫过，然而奇怪的是入侵者竟然没有拿走家里的任何东西，甚至连家中的几百美元的现金也没有拿走。

格伯根本不相信谢泼德的话，觉得他很有可能在捏造事实；直觉告诉他是谢泼德在争吵中杀害了妻子，然后故意制造出破门而入的假象来掩饰自己的罪行。根据医学证明，玛丽琳大约死于凌晨4点，然而谢泼德的报警时间却比这个时间晚了至少一个小时，这就给了他足够的时间去处理现场并清理对自己不利的证据。鉴于格伯的怀疑不是没有道理，警方决定更细致地调查谢泼德口中描述的事实。试想如果袭击玛丽琳·谢泼德的人只是一个盗窃犯，只是想让玛丽琳不出声，那他为什么还要在玛丽琳失去知觉后再袭击玛丽琳35下之多呢？还有为什么入侵者不在第一次打晕谢泼德之后就逃走呢？

另外，谢泼德还养了一条狗，为什么有人入侵的时候，没有听到狗叫呢？再者，谢泼德说自己第二次被入侵者打晕之后，发现自己躺在沙滩上，双脚浸泡在湖水里，可是为什么他的头发上却没有发现沙粒呢？尽管无可否认，他的衣服（衣服是格伯找到的）是湿的。最后一个可疑之处是，警方在他家的花园中发现了一个塑料袋，里面装有一块沾满血迹的手表。

谋杀案发六天之后，警方接到谢泼德的一位名叫南茜·埃亨的朋友的情报，她说自己在谋杀案发当晚拜访了谢泼德，说他似乎和另外一宗案子有关，于是警方再次找到了谢泼德，问他是否和医院一位很漂亮的名叫苏珊·海耶斯的技术员有染。谢泼德当即就否认了这一罪名,可是不久便谣言四起了,新闻报纸也开始质疑谢泼德,连媒体也开始采访他了。但是面对质疑和采访,他的回答还是从未与苏珊·海耶斯发生过性关系。然而让他百口莫辩的是南茜有足够的证据,证明玛丽琳曾告诉过她谢泼德与苏珊·海耶斯有染,而且经过玛丽琳劝说谢泼德同意离开苏珊·海耶斯。于是陪审团开始认真考虑这些证据,发现种种证据都对他不利。于是谢泼德被捕,同时被指控犯有谋杀罪。庭审时,陪审团有18人投票认为谢泼德有罪。1954年12月21日,谢泼德被判为二级谋杀。然而这个案子还远远没有结束。

谢泼德的辩护律师比尔·科里根并不满意这样的裁决,于是他开始自己调查此案,并寻找证据。他联系到加利福尼亚大学的保罗·利兰·柯克博士,他是一位受人敬仰的刑事专家,专门从事显微镜检查法的研究,1937年被任命为加州大学伯克利分校犯罪学项目的负责人。他同意来海湾村帮忙调查此案。然而他得出的结论却与原告大相径庭。

由于这个时候距案发时间已经有八个月之久了,所以柯克博士根本不太可能看到最初的案发现场。于是他决定通过研究卧室里血液是如何溅出的来还原案发现场。柯克观察到两面墙壁上有血点,他判断这些血点是玛丽琳·谢泼德的头部受到重创后溅出的,然而第三面墙壁上喷溅的血液印记似乎来自于某种可转动的器具。此前验尸官格伯在庭审时说他认为使玛丽琳丧命的是某种外科手术器械。然而,柯克博士却不这么认为,他

## 第三章 血液鉴定

认为根据从器具上喷溅到墙上的血液可以断定使她致命的是某种重物——比如喷灯之类，肯定不可能是某种外科手术器械。同时他还认为枕套上发现的血斑事实上是玛丽琳的鲜血滴在上面并进行折叠的效果，而不是所谓的某种外科手术器械造成的。全面考虑了所有地方的血迹和血斑，柯克认为凶手身上一定被血液浸透了，然而谢泼德身上和衣服上却没有留下半滴血液。另外，柯克确定凶手一定是个左撇子，因为种种迹象表明他是用左手拿着凶器的，但事实上谢泼德一向是用右手的。

尽管有了这些新证据，但是谢泼德案真正得到重审也是九年之后的事情了。这时候已经是1966年了。这次为谢泼德进行辩护的是大名鼎鼎的F.李·贝利律师，他是这方面的专家，很快他便破解了这宗公诉案件。他指出警方疏于观察案发现场，而且寻找证据的方法也很不专业，他们竟然错过了与本案相关的很多重要内容中的指纹这一细节。接着，他又斥责格伯不应该离开案发现场去寻找谢泼德，这明显是因为嫉妒。格伯一听，雷霆大发，言辞愤怒，差点儿激怒了整个陪审团。

最后，贝利将大家的注意力集中到了血迹上，确切地说是谢泼德手表上的血迹。柯克认为手表正面的血斑似乎是血液飞溅其上的。这说明谢泼德在猛击玛丽琳的时候很可能是戴着这块手表的。然而当柯克看到血斑印记末尾处时，他又补充说自己也不太确定这血斑真的就是血液"飞溅"的结果。接着，贝利向大家展示了表带内侧血斑的图像，与手表正面的血斑形状完全一样。这也就说明：即使谢泼德行凶时戴着这块表，手表正面的血斑也根本不可能是血液飞溅留下的印记，同时表带内侧的血斑更不可能是血液飞溅的结果。因此这就进一步表明手表上的血迹并不能作为谢泼德杀死自己妻子的有效证据。所有的这些分析以及柯克其他的一些相关评论说服了陪审团,最终陪审团宣布谢泼德无罪。当后来柯克再提及此案的时候,他说:"没有哪种对血液的分析和研究比对血液分布模式的分析和研究更能产生有用和有效的信息了!"

毫无疑问,血液分布模式能够帮助我们十分准确地重现暴力犯罪过程中事情发生的先后次序。然而从另一方面来讲,我们也不敢完全赞同柯克的说法,尽管这些年各种形式的血液测试的发展表明:这些方法能够提供强有力的证据将某一特定人物与案发现场联系起来——但是这些方法在定罪过程中的实用性依然颇有争议。此外,随着1984年9月亚历克·杰弗里斯对基因指纹的研究和发展,血清学也进入迅猛发展期,这些内容我们将在第七章做进一步的探讨和研究。

Chapter 4

# 第四章　微量迹证

　　他站过的所有角落,他碰过的所有器物,他留下的所有东西,即使他毫无意识,也会留下一个对抗他的沉默证人。不仅仅是他的指纹和脚印,他的头发,他衣服上的纤维,他碰碎的玻璃,他留下的工具,他刮去的涂料……

　　　　——保罗·L.柯克,《犯罪侦查:物证和警察实验室》(1953)

　　1909年7月18日,那是一个宁静的周日的午后,巴黎的一座公寓中发现了一位年轻女子的尸体。她张着双腿,面部被打得鼻青脸肿,已经面目全非了。当警察破门进入公寓时,发现尸体血流不止,甚至已经渗透到楼下咖啡馆的天花板上了。

公寓的门卫也曾尝试着破门而入，可是却被楼梯的铁门挡住了去路，想破窗而入吧，窗户又被死死地锁着。

这个公寓归属于一位名叫艾尔伯特·乌塞尔的男人，尽管那具尸体遍体鳞伤，还是被辨认出了身份，原来她是十六岁的杰曼·比雄，乌塞尔的情妇。看情况此公寓已被洗劫一空，但奇怪的是警方却在桌子上发现了食物的残痕，于是警方推测入侵者进入时比雄很可能正在吃饭，她一定是惊恐万状，于是入侵者干脆斩草除根将她杀害了，接着盗走了公寓里所有的贵重物品，然后便逃之夭夭了。然而令人不解的是公寓仅有的两条出路——窗户和楼梯——均牢不可破，于是犯罪嫌疑人是如何逃走的成了一大谜题。

验尸员维克托·巴尔塔扎通过对比雄进行的尸体检验发现她死于受伤期间的持续攻击，同时还发现她已经有五个月的身孕了。然而更重要的发现是她的手里攥着一缕浅色的卷发，他判断这缕头发肯定来自一位女士。

受害者的年龄和作案的残暴让此案很快成为人们关注的焦点。于是安全局局长奥克迪乌·哈马德决定亲自调查此案。他很快观察了作案地点周围的环境，总结思考后，他认为情况应该是这样的：乌塞尔返回巴黎杀害了比雄，因为比雄怀了他的孩子，并声称已与他结为夫妻。哈马德局长的推断很可能就是事实，因为这里的清洁女工告诉他乌塞尔和比雄已经争吵了好几个月了。

所以当前的重中之重是要找到乌塞尔。他在这座公寓里经营着一个家政服务公司，因此每周工作日的时候他住在公寓，

## 第四章　微量迹证

每周末的时候他便回塞纳河畔的弗兰和家人团聚。如果是这样的话，就省得哈马德去弗兰了，因为第二天乌塞尔就返回巴黎了。当问及此案时，乌塞尔一口否定，并坚持说比雄被害的时候自己并不在现场而是在教堂，还说教堂里的教父和其他很多人都看见了，都可以为他作证。离开教堂后，整整一个下午他都和家人在一起共进美食。抛开这些都不谈，哈马德也觉得乌塞尔不太可能是凶手——他看起来很软弱又焦虑，什么事儿都很依赖他的母亲。接着哈马德又走访了乌塞尔的秘书，她是在谋杀案发生当天和乌塞尔一起离开公寓的。走访期间哈马德发现装现金的抽屉里少了7法郎，办公室里少了30法郎。一条黄金手表链和由黄金制成价值约为40法郎的俄罗斯卢布也都不翼而飞了。所有这些加起来也不少钱呢，但若是和一位年轻女孩的生命比起来也就不算什么了。此案又回到了原点。在接下来的几周时间里，推理不断，被盯上的犯罪嫌疑人也有好几个，可是对于谁是真凶这一问题却没有太多进展。就在一筹莫展的时候，哈马德找到了突破口。

哈马德发现就在周日案发前一位自称博施太太的女士在公寓附近搭讪公寓里的三名女仆。谈话中，她说乌塞尔欠了她一大笔钱，于是请其中一位女孩陪自己一起去乌塞尔所在的公寓讨个说法。可是这三名女仆拒绝了她的要求，一来她们不想参与到此事当中，因为此事明显有争议；二来她们感觉这位女士形迹可疑。经调查发现博施是这位女士婚后的姓，她婚前的原名是罗塞拉·卢梭，是乌塞尔从前的清洁女工。

然而当哈马德找到博施太太问及此事时，她完全不承认女仆们描述的情景，同时女仆们也无法确认她就是她们见过的那位女士。这样一来哈马德就没有了十足的证据，然而冥冥之中他感觉到哪里不太对劲，于是决定更深入地调查一下这位博施太太的底细。没过多久，哈马德便发现原来她和丈夫负债累累，已经到了再交不上房租就要被扫地出门的地步。奇怪的是，案发第二天他们就突然有钱了，突然就有能力交房租了。他们的一位邻居提到这样一件事：博施夫妇说他们要卖给当地商店一些值钱的东西。哈马德立即派探员找到了当地商店的老板，并向其了解情况，商店老板告诉他们说博施想卖给他的是一枚金币，但是他对此有些怀疑，所以没敢买下博施的金币。老板所说的金币极有可能就是乌塞尔报失的俄罗斯卢布。

于是博施太太被再次请到了警察局。这次与此前不同，哈马德觉得博施太太一定与本案有关，而且铁证如山。此时巴尔塔扎在比雄手中发现的一缕头发终于派上用场了。博施在警察局的时候，哈马德对她的头发进行了采样，并派人将其送往巴尔塔扎处进行比对。在显微镜下观察后，很快便发现头发的颜色和粗细——0.07mm——与案发现场发现的头发一模一样。尽管这还不能完全确定案发现场发现的头发就是博施太太的，但是这一缕头发是别人的概率也相当低。

当巴尔塔扎给头发做对比测试的时候，他想起了另外一个很重要的细节。他在案发现场发现的头发当中有好几根头发形成一束被连根拔除，其发根处沾着血液。他确信这肯定是比雄死命地从凶手头上拽下的头发。第二天，巴尔塔扎亲自找到博施太太，并将其押送到了监狱。他对博施太太的头部进行了细

## 第四章 微量迹证

致的观察,很快他就找到了证据:就在太阳穴稍靠右的地方,明显有一小束头发被连根拽掉了。

面对这条证据,博施再也无法隐瞒了,终于承认自己就是凶手。他们夫妻俩经济拮据,负债累累,在即将被房东扫地出门之际,迫于生计的她万般无奈选择了偷盗,被盗的就是他的前雇主。因为她知道每周末乌塞尔都会离开公寓,她唯一担心的就是比雄。她最初的计划是:第一步,让人把比雄引开,然后自己进去偷盗——这其实就是她与那些女仆搭讪的原因;第二步,进入公寓并躲藏在里面,等比雄出门以后行窃。可是女仆们拒绝她的要求后,她知道此事只能靠自己了。于是她改变了计划,这回她打算在比雄外出时,迅速溜进公寓,然后赶在她回来前溜走。

计划的第一部分进行得很顺利,她神不知鬼不觉地就溜进了公寓。然而不幸的是,她在公寓里停留的时间太久了,没来得及溜走比雄就回来了。于是她躲进了橱柜里,并做好了在那里过夜的打算,这样她就有机会从这里再偷些值钱的东西。直到第二天她以为自己的机会终于来了,因为比雄似乎已经离开公寓去外面吃午饭了。于是博施太太小心翼翼地从橱柜里偷偷溜了出来,结果她大吃一惊,发现自己判断失误——比雄正坐在餐桌旁吃午饭呢!可以想象也可以理解当时比雄看到陌生的入侵者时的惊恐之状。比雄开始攻击博施太太,最后博施太太被逼再次进了橱柜。为了自卫,比雄拿来了一把斧头,但是在搏斗中斧头被博施太太抢了去,并一下子砍在了比雄脸上。当这位年轻的女孩倒下后,博施太太对她好一顿拳打脚踢——这也是比雄遍体鳞伤的原因。在翻遍了整个衣柜后,她撬开了装现金的抽屉,之后用比雄的钥匙开了门,出去后又把门牢牢地锁死了。

博施太太于1910年2月接受庭审时,撤回了她的招供,称供词是警方逼着她写的,并辩护说自己的行为只是正当防卫。可是这并没有改变她的命运。法官依然认为她有罪,并判其为死罪。

在本书前面的章节里,我们也曾提到过埃德蒙·罗卡尔。他是一位才华横溢的法医科学家,他做过这样一句简单的陈述:"每一次接触都会留下痕迹。"这句话表达了一个简单的事实(现在通常被称为罗卡尔交换定律);即使是再聪明的犯罪分子也会毫不例外地在案发现场留下或者带走一些微量迹证。这一思想直到现在依然处于法医科学的核心位置,因为通过这些微量迹证能够将唯一确定的个体与案发现场联系起来。博施太太案的破获就是对此定律的一个很好的诠释。

当然我们提到的微量迹证在有些案件中有时候可能并不那么容易被察觉到;用肉眼看许多案发现场似乎没有留下任何痕迹,也找不到任何线索。正因为这样的原因,微量迹证逐渐被运用于法医识别中,并与显微镜和其他类似仪器同步发展着;正是这些仪器使用使得迅速并详细地分析案发现场成为了可能。

尽管玻璃在古代就已经存在了,然而它通常被用作装饰品,人们对其光学特征并没有做过深入的探索。古罗马人较早意识到了玻璃具有放大的作用——哲学家塞内卡描述并解释了为什么透过装满水的玻璃杯看到的文字与实际相比会有被放大的感觉。罗马人还发现玻璃镜能够聚焦太阳光线,甚至能将焦点处点燃。由于玻璃镜具有以上两种属性,因此最初的玻璃镜通常指的是"放大镜"或者"点火镜"。

尽管玻璃镜的这些作用都很神奇,但是直到很多年以后的13世纪,人们才将这些发现广泛地运用于实践当中。第一副眼镜是由意大利人生产制作的。众所周知这项发明是意大利一位名叫小萨尔维诺·阿尔马托的人于1289年发明的,尽管也有一些人对眼镜的发明者到底是谁依然存有争议。

说到眼镜在应用方面的又一大重要进步,就不得不提到1590年荷兰眼镜制造商汉斯和查哈利亚斯·詹森父子。

1590年,詹森父子就开始用眼镜做实验了,他们将几块镜片等距离地放进一个圆筒中,结果发现通过圆筒观察置于其下的物体时,物体出奇地大。于是他们发明了复合显微镜(包含多块镜片的显微镜)。

不久后,詹森父子向外界公布说他们发明了显微镜和望远镜,尽管这两项发明毫无疑问都很成功,然而依然留下了很大的争议空间,因为这两项发明工作的原理十分类似。显微镜是利用短焦镜头来放大近物,然后通过目镜的长焦镜头来观察物象;而望远镜则相反,它是利用长焦镜头来放大远物,然后通过目镜的短焦镜头来观察放大的物象。另一位名叫汉斯·利帕希(1570—1619)的眼镜制造商就居住在离詹森父子居住的米德尔贝格几步之遥的地方,他向外界公布说显微镜和望远镜是他发明的。由于利帕希先一步申请了望远镜的设计专利,因此现在通常认为望远镜是他发明的;即便如此,詹森父子依然被认为是单镜头显微镜和复合显微镜的发明者。

尽管利用镜片来放大物像是一项巨大的进步,然而直到17世纪中叶,欧洲才逐渐将显微镜运用于更深入的科学研究和试验当中。其中一个事例就是1644年出版的《蝇眼》一书。此书的作者是意大利天文学家和罗马天主教牧师詹巴蒂斯塔·奥迪耶纳(他的自然科学知识都是他自学所得),在本书中他详细介绍的昆虫解剖学的知识得益于对显微镜的实际应用。

这里我们还要提到的另一位科学家是意大利的生物学家和内科医生马尔切洛·马尔皮基(1628—1694),他才是显微镜解剖学真正的先驱者。1661年他利用显微镜观察肺部的结构时,发现肺膜中包含着大量的球状囊泡(即肺泡),每个囊泡依次与细小动脉和静脉(即毛细管)的分支结构相连。这项历史性的发现不但解释了氧气是如何从肺中进入血液的,而且使显微镜解剖学成为了一门独立的学科。马尔皮基毕其一生都在为这一领域的发展做贡献,在他的事业生涯中有过很多这一领域的重大发现。

接下来为显微镜学做出杰出贡献的是荷兰科学家安东尼·凡·列文虎克(1632—1723)。列文虎克对显微镜不断发展和改进的着迷与执着,最终使得显微镜能够观察到小至百万分之一米的物象。1674年,他首次发现了单细胞生物(现在被称作微生物)以及细菌和精细胞。1684年,基于对显微镜学长期研究所取得的研究成果,列文虎克终于出版了第一本细致观察红细胞的著作。这一著作得到科学家罗伯特·胡克(1635—1703)的高度认可。胡克在其早期(1665年)出版的著作《显微图谱》中详细准确地描绘了昆虫及其器官在显微镜下观察到的图谱,得到了世人的广泛称赞。列文虎克在显微镜方面取得的研究和发展不但为以后的微观生物学奠定了基础,而且极大地推动了

17世纪以后显微镜在科学研究领域中的运用。

显微镜领域从未停止过向前发展的脚步,下一个比较重大的发展出现在1893年,德国科学家奥古斯特·科勒发明了一种更好的显微镜样品照明的方法。他想从显微镜下得到高质量的照片,然而当时的照明条件(例如煤气灯)下光线分布不均匀,所以照片根本无法达到他预期的效果。为了改善拍照的质量,他利用聚光透镜将照明灯的影像集中到显微镜的前焦平面,形成一个照明均匀没有强光的视场。到目前为止,科勒照明依然是现代科学灯式显微镜样品照明的核心技术。

巴黎工艺博物馆展出的18世纪的显微镜。奥古斯特·科勒的照明方法根本性地改变了图中所示显微镜所成影像的质量。这项技术的发展逐渐为现代生物学甚至是为法医科学的发展奠定了坚实的基础。

事实上早在 1891 年，也就是当科勒还没有发明出他的照明新方法的时候，显微镜技术早已经涉足刑事调查领域了。奥地利法官汉斯·格罗斯在其作品《验尸官、警官和武警工作手册》中开创性地阐明了为什么在显微镜下观察证据对于破获案件至关重要。由于此书首次开创性地将显微镜和刑事调查两个领域的知识相结合，所以汉斯·格罗斯被公认为犯罪侦查学之父。

　　格罗斯如是描述这个新兴的领域："犯罪学者的工作无非就是与谎言做斗争。他必须找到真理，打败谎言。他前进中的每一步都会与谎言不期而遇。"当然工作中的技巧不仅仅是认出谎言，更重要的是证明它是谎言。而法医科学家的工作是通过犯罪分子的"聪明"找到事情的真相。但是很多时候，做到这一点极其不容易，特别是碰到某些极其狡猾的犯罪分子时。

　　格罗斯重点强调过这样一个案件，是他在翻看以前的犯罪记录时发现的，此案中一个年轻人被认定烧毁了一位农场主家的住宅。这个年轻人是此案的头号犯罪嫌疑人，因为众所周知他对这位农场主心怀憎恨，曾经他就在农场主家对门的工厂里工作。可是奇怪的是，九个月前他便离职了，农场主家出事的时候他根本就没在附近活动。对案发现场进行调查后，调查人员发现的证据表明：当这个年轻人还在工厂工作时，他就设计了这样一个点火装置：一能够烧毁农场主家的住宅；二可以自由设置点火时间。首先，他在农场主家住宅对面的粮仓的天窗上连接一根拉伸性极强的弹簧和一条绳索，并用沥青对弹簧进行固定；然后他在绳索下面放置了一些易燃材料和一块放大镜。九个月后，镜片将阳光聚焦到易燃材料上并将其点燃了，接着易燃材料又将绳索引燃了，然后点燃的绳索又引燃了沥青，最后带着燃烧着火苗的沥青的弹簧从天窗上飞向了农场主家的住宅。

犯罪分子使用的装置如此复杂很容易让人以为这个故事是虚构的，然而对于格罗斯来讲这恰恰是一个最好的案例，因为它最大程度地阐释了犯罪学者在观察证据中的作用：看穿犯罪分子的聪明才智并将真相公之于众。

为什么《验尸官、警官和武警工作手册》一书的出版会在法医学的历史上留下如此深远的影响和意义呢？其原因就在于它将包括心理学和自然科学等好几个领域的知识融于一体，这样就使与刑事调查相关的知识得到了最充分的运用。其实此书的内容也反映出了刑事侦查最新的发展趋势；到这个时候，除了法国，其他国家都已经对贝迪永的人体测量法失去了兴趣。更要命的是贝迪永在1911年的《蒙娜丽莎》偷窃案中几乎颜面扫地；案发现场只留下一个手掌印，可是贝迪永对于如何找到偷盗者一事却一筹莫展，而且后来还发现很早以前他就测量过这名偷盗者（他是一位精神失常的意大利人，名叫文森佐·佩鲁贾）的人体数据。格罗斯在书中不但强调了指纹的重要作用，而且重点指出了分析诸如尘土、头发、木纤维等微量迹证的价值所在。1912年格罗斯在格拉茨大学的法学院成立了犯罪侦探学研究所（后来发展成为犯罪学研究所）。此后全球各地类似的学院纷纷成立，格罗斯的犯罪侦探学的概念也逐渐形成了一个独立的学科体系。

在格罗斯调查的案件中，有这样一个案例很好地说明了收集微量迹证用于显微镜分析的重要价值。那天三个小女孩带着她们心爱的小狗漫步在海滩上,谁料等待她们的却是一场可怕的灾难。一名男子出现在她们面前,对三个女孩一一进行了性侵犯,情节十分恶劣。回到家中,她们害怕极了,立即将此事告知了父母,父母们愤怒地报了警。警方按照通常的标准流程收集到了女孩子们当时所穿的衣服,对其进行检查发现这三名女孩的裤头内侧有精液留下的痕迹。

第二天其中一个女孩和妈妈一起外出散步,没想到竟然又看到了性侵她们的那名男子。这个女孩一眼就认出了他,接着他立刻被警方逮捕了。警方发现这名男子裤子的门襟上满是精液留下的痕迹。这一发现似乎与女孩子们的陈述十分吻合,可是就这一发现本身而言却不足以说明这名男子是否有罪。然而关键是,警方在这名男子的裤子里还发现了两样东西:一根狗毛和一些彩色的羊毛纤维。将这两样东西置于显微镜下进行观察,发现这根狗毛和女孩们的小狗身上的毛以及那些羊毛纤维和女孩子们当天所穿衣服上的纤维均完全匹配。于是此案告破。此案的告破不仅是公平与正义的胜利,也是格罗斯的胜利,而且在极大程度上证明了显微镜在处理微量迹证时发挥的巨大作用。

来自法兰克福的格奥尔·波普(1863—1941),原本是一位训练有素的化学家,却奇迹般地引领了显微镜在法医科学领域的发展潮流。尽管实验室的工作让他积累了丰富的显微镜技术,然而他真正对显微镜运用于法医科学领域感兴趣已经是1900年的事了,那时候一位刑事侦查员请他利用自己的经验

## 第四章 微量迹证

所长帮忙观察某些证据。没想到对犯罪学这个领域的研究不开始则已,一开始便成了他一生的爱好和事业。1889年他甚至都已经建立了自己的实验室和法医化学与显微镜学研究所,其主要目的是在刑事侦查中进行毒理学及其相关科学的研究与分析。

受格罗斯著作的影响,格奥尔·波普完全认可指纹的重要性,同时他还认为合理运用指纹影像也至关重要。他甚至能够在自己的实验室中利用这个领域的知识——以及化学领域的知识——处理犯罪案件。在偷盗过程中,偷盗者碰触到一块白金。波普将其置于水合硫酸铵的蒸汽中,这时白金上被偷盗者碰触的地方便出现了黑色的指纹印记。由此我们就能很快地判断出偷盗者一定是一名长期从事实验室工作的人。

最初使波普成为公众人物的案件中有一件案子就与指纹有关,在此案中他是通过显微镜观察来解决法兰克福的钢琴经销商是如何被杀的——他在案发现场发现了指纹并对其进行了拍摄,用显微镜观察并与犯罪嫌疑人的指纹进行比对,直至找到真凶为止。然而,事实上这起案件能让他一举成名的原因并不是指纹,而是微量迹证。

1904年10月,人们在法兰克福的豆田里发现了一位名叫伊娃·迪施的青年女子尸体。经验尸员检查,发现她是被罪犯先奸而后用围巾勒住窒息身亡的。另外案发现场还发现了一块脏手帕。波普用显微镜对手帕进行了仔细的观察,在手帕上发现了含有微量煤炭粉末、鼻烟粉末和角闪石粉末的鼻黏液。

有了这一证据,警方发现了一位名叫卡尔·劳巴克的男子,很快他就成了此案的头号犯罪嫌疑人。因为众所周知他使用鼻烟，在煤气厂工作，同时在当地含有大量角闪石的砾石坑中做些兼职工作。波普仔细观察了劳巴克的指甲盖，底下有一层污垢，混合着煤炭粉末和矿石粉末，里面还含有角闪石粉末。接着他又检查了劳巴克的裤子，发现了更进一步的证据。波普从劳巴克裤子上获取的泥土样品分为上下两层：下层泥土直接与布料粘连，其中包含的矿物质与案发现场泥土中包含的矿物质相同；上层泥土中包含着一些云母矿石的细碎颗粒，警方从案发现场到劳巴克家的路上采集的泥土样品中也同样发现了含有云母颗粒。由此波普认为劳巴克裤子上的第一层泥土里的矿物质来自案发现场，然后又在回家的路上粘上了含有云母颗粒的第二层泥土。面对以上证据，劳巴克坦白了自己的罪行。当时法兰克福某报纸的头条便是"显微镜当侦探"，意在向波普的辛苦调查致敬。

波普的大名享誉全国是在1908年，这一年他用仪器分析的方法将杀害一位名叫玛格丽特·费博特的女子的凶手绳之以法。5月29日，一位巴伐利亚罗肯豪森的建筑师泽贝格尔，向警方报案说他的女管家失踪了。她于前一天下午乘坐火车去了附近的一个小村子，为的就是能在法尔肯施泰因美丽的山谷里散散步，其实这里可看的景色也就是一座破败不堪的城堡。然而奇怪的是，直到晚上她都没有回来。

经过几天的搜索，警方在树林里发现了她无头的尸体，场面十分恐怖，让人乍一看以为这是一起某种与性有关的犯罪案件。费博特平躺在地上，两腿分开，裙子也被掀起来了。然而，其后的验尸结果证明根本没有性侵犯的任何迹象。另外还发现她的钱包、帽子和遮阳伞都不见了,这也就不能排除抢劫的作案动机了。病理学家仔细观察尸体后得出的结论是:她先被勒死,然后才被砍掉了头颅。另外还发现她手中握着几缕头发。

当地一位名叫索恩的法官,感觉到此案相当残忍,同时又得知波普的名声,于是他专程前往法兰克福寻求他对此案的指导。因为索恩非常肯定地觉得头发很可能就是找到真凶的重要线索,因此请求波普帮忙观察研究这一证物。可是没想到的是波普很快就证实这一缕头发其实是费博特自己的。更没想到的是,波普对此案很有兴趣,于是主动提出继续协助调查此案。

本案最主要的犯罪嫌疑人是一位名叫安德列亚斯·施利克的当地工人,同时他也是个偷猎者,目击者说他们在案发当天亲眼看到他出现在案发现场附近。当他被警方问询时,他暴怒并一口否定自己参与了谋杀一事。可是紧接着警方就在城堡旁边发现了他的一条裤子、一杆枪和一些弹药,然而他却狡辩说这些东西是他在案发前一天放在那里的,他一直都是这么做的,因为他不想让人们知道自己在偷猎。观察发现他的裤子的膝盖处有好些血斑。波普将血斑浸泡在盐水并进行了乌伦胡特测试,与血清的反应证明这血斑源自人类的血液。警方还进一步在施利克的夹克上发现了几个小斑点,看样子这些斑点曾被他洗过。接下来对施利克不利的证据越来越多了,尽管此时证据依然不够全面。

接着波普对施利克鞋子上粘连的泥土产生了研究兴趣。他通过确认发现施利克的妻子在谋杀案发前一天帮他清洗了鞋子，而且直到案发那天他都没有再穿这双特殊的鞋子。波普和一位地质学家分别从案发现场附近、施利克衣物所在地以及他家住宅附近各采集了一些泥土样品。波普发现谋杀案发现场的样品中包含着分解了的红砂岩、石英、铁质黏土和植被；然而有所不同的是，从施利克住宅中采集的样品中包含的是乳石英、云母以及植物根部的纤维、风化的草和树叶。住宅附近还散落着鹅的绿色粪便；最后发现从施利克衣物所在地周围采集的样品中包含着砖头渣儿、煤炭以及从城堡墙壁上剥落的水泥碎片。

掌握了这些信息，波普开始仔细观察施利克的鞋子。他发现鞋子外缘包裹着一层厚厚的泥土。由于鞋子被清洗过，案发当天也没有被磨破，于是波普推论鞋子上的泥土只可能是案发那天粘连在鞋子上的，如此一来，鞋子上的层层泥土应该对应地包含了施利克案发当天所到之处所有泥土中包含的一系列的物质。

他小心翼翼地将泥土一层层地剥离下来。结果他在最旧的一层（也就是直接与鞋子粘连的那一层）泥土中发现了鹅的粪便；在其上一层中发现了红色的砂岩颗粒；在最上面一层中发现了煤炭、砖头渣儿以及水泥碎片。很明显，这些结果与波普从与本案有重大关系的地点采集来的泥土样品成分正好吻合。施利克声称案发那天他去了自家的田地，然而在他鞋子上的泥土中却没有发现斑岩和乳石英的痕迹，如果他说的是实话，那么这个结果是绝对不可能的。但是从另一方面来讲，鹅的粪便似乎很明显来自他家住宅附近，红色的砂岩颗粒来自案发现场，砖头渣儿和水泥碎片来自城堡。

面对如山的铁证，施利克终于承认自己就是杀害玛格丽特·费博特的凶手。他看到费博特的穿着和打扮时，以为她很有钱，所以起了打劫的念头。可是当他发现自己判断失误时，便恼羞成怒，一气之下将其杀死，同时砍下了她的头颅并将其掩埋。最开始他被判死刑，后又改判为终身监禁。

玛格丽特·费博特案一方面将波普推到了法医地质学的前沿，另一方面肯定并证实了土样分析在刑事调查中所起的重要作用。老汉斯·格罗斯一直认为从犯罪嫌疑人鞋子上得到的证据往往比密集的审讯得到的供词更能说明问题。波普正好证明了格罗斯此言的正确性。

至此，科学家们在显微镜领域的研究从未停止过向前迈进的步伐。亚历山大·拉卡萨涅教授是法国的内科医生，同时也是犯罪学的领军人物，在里昂法医研究所执教时，他深受学生们的启发，真切地认识到了显微镜的重要作用。给他启发的学生当中有一位名叫埃米尔·维尔布兰，后来他持续不断地引领着法医学不断向前发展，并成为这一领域的权威人士；他的专长是对指甲的研究，尤其是对指甲上的印记以及对指甲盖下方发现物作用的研究。他曾写过一篇这方面的论文，同时也处理过好几起重大案件。但是在拉卡萨捏的学生当中最著名的一个要数埃德蒙·罗卡尔了，其实这个人我们在前面已经不止一次提到了。

罗卡尔于1877年出生于里昂。起初他在奎林的多米尼加学院读书，随后他考上了里昂大学，在这里他成功获得了医学博士学位和法学硕士学位。很小的时候他就对法医相关的内容充满了探索的热情，他的童年就是在阅读阿瑟·柯南·道尔的《福尔摩斯探案集》中度过的。在获得医学博士学位之后，他又很幸运地成了拉卡萨涅教授的助理。他在拉卡萨涅的领导下从事研究工作时，就提出建立一个真正的犯罪实验室，完全致力于刑事证据研究的实验室。这实在是一种雄心勃勃的想法，其实很多人都尝试过，其中也包括著名的贝迪永，但是人们对于他们的这种想法一直很冷漠，有时甚至是敌对的态度。然而罗卡尔决心无视目光短浅者的怀疑和批判，于是他竭尽全力以一己之力说服了里昂警察局，终于于1910年在里昂法院的阁楼里建立起了第一个犯罪实验室。然而直到1912年罗卡尔的实验室才得到了官方的承认。在他坚持不懈的努力下，他终于证实了自己的价值，也终于在1911年抓住了机会。

警方发现当地有一伙制假犯罪分子在伪造假币，并将这些假币用于流通之中。警方虽然已经锁定了几个犯罪嫌疑人，但是却找不到任何判定他们有罪的证据。警方多次逮捕了他们，可是无论在什么情况下逮捕他们，花多长时间审讯他们，他们总是一口否认自己有罪。屡遭失败，警方终于有些心灰意冷，于是他们最终想到了罗卡尔，罗卡尔欣然接受，因为他认为这是一个能够用以说明自己的价值所在的千载难逢的好机会。

于是他马上开始着手仔细研究犯罪嫌疑人的衣服，他利用放大镜小心翼翼地观察犯罪嫌疑人的每一件衣服。其间他在其中一名犯罪嫌疑人的裤子口袋里发现了一些异于平常的细小粉尘。他轻轻地从其上取下一些作为样品置于干净的白色纸张

第四章 微量迹证

上。接着他拆掉了衣服的袖子,并将收集得到的样品置于另一张白色纸张上。之后他用显微镜仔细观察了这些样品,观察结果十分乐观,在如此高倍的放大镜之下,他能够很清楚地看到这些粉尘中含有微量的金属。化学测试证明这些金属包括锡、锑和铅,这些金属正好就是伪造假币的原料,更重要的是,他发现这三种金属的比例正好就是伪造假币时这三种原料的比例。接下来罗卡尔在这个团伙其他成员的衣服上也发现了类似的证据。当把这些证据摆在犯罪嫌疑人面前时,他们无言以对,只好坦白了。

此案不但使罗卡尔和他的实验室声名鹊起,而且向警方证明了系统的科学技术对于刑事侦查来讲是具有真正的实用价值的。从此以后,他的犯罪实验室得到了普遍的认可和利用,罗卡尔也持续不断地用自己的方式破获了几起重大案件。几年之后的1922年,罗卡尔在他的名为《小说中的侦探和实验室中的侦探》的书中也提到了其中的一些臭名昭著的案件。

此书中提到的一个案件就是发生在1912年的玛丽·拉特尔谋杀案,罗卡尔本人也参与了此案的调查。一天早晨人们发现一位名叫玛丽·拉特尔的年轻女子被人勒死在其父母家中的客厅里。警方立即联系到她的男朋友,埃米尔·库尔班,因为他有潜在作案的嫌疑。拉特尔颇有些姿色,又喜欢到处和人调情,这个习惯让库尔班很恼火。据说因为此事库尔班已经不止一次和她发脾气了。

尽管他似乎很有作案动机,但是他有充分的不在场的证据。医生对拉特尔尸体进行检查,估计她的死亡时间大约是午夜。案发当晚，库尔班在一位距玛丽家很远的朋友家中。晚饭后，他们和其他一些朋友一边喝酒一边玩纸牌游戏，他睡觉的时间大约是在凌晨1点。这一点他的朋友们都可以为他作证；也就是说拉特尔出事当晚他根本不在附近。

当地警方为此一筹莫展，于是向里昂警察局寻求帮助，这才听闻也许罗卡尔能够帮到他们。于是罗卡尔很快便答应帮忙提供专业知识。他首先对尸体进行全面检查，结果发现在拉特尔的喉咙周围有几块印记，当地警方认为这很可能就是凶手的指印。事实上，这些印记是凶手在和受害者搏斗中用力抓挠留下的痕迹。这一发现给罗卡尔带来了一个想法，于是他要求面见库尔班。罗卡尔检查了库尔班的手，结果高兴地发现前几天库尔班并没有认真清洗自己的手。罗卡尔从这个年轻人的指甲盖底下刮下一些残留物并将其置于白色纸张之中。

回到实验室，罗卡尔开始对他发现的新证据进行观察和研究。他用显微镜观察了从库尔班指甲盖底下刮下来的残留物，发现其中包含着上皮组织——表皮和血液细胞。这一结果虽然有点可疑，然而就其本身而言并不能成为确凿的证据，因为这些细胞很有可能是库尔班抓痒时从自己身上挠下来的。然而就在这时候，罗卡尔在上皮组织中又发现了其他物质，一种规则的晶体颗粒。原来这是一种叫做稻壳粉的物质，这一发现至关重要，因为在1911年时这种物质是面扑的基本成分。除此以外，罗卡尔还发现了氧化铁、氧化锌、硬脂酸铋和镁，这些都是化妆品行业经常用到的化学物质。在库尔班指甲盖里发现的表皮上覆盖着一层粉色的面扑。

## 第四章 微量迹证

在罗卡尔的指导下，警方对拉特尔的房间进行了搜查,发现了一盒面扑,这种面扑在当地药房就能买到。经过测试证明其中所含成分与罗卡尔在库尔班指甲盖里发现的物质成分完全相同。

面对这些证据,库尔班最终承认是自己杀死了玛丽,并解释说他用调快墙上挂钟的方式欺骗了他的朋友们,这样就为自己留出了从床上偷偷溜出去杀人的作案时间,这样就既杀了人,又有了不在案发现场的证据。也就是说如果没有罗卡尔微量迹证的系统的调查和研究方法,那么很显然库尔班不在场证据很充分,如此一来真凶很可能就逍遥法外了。

这个时候,贝迪永依然是巴黎法医科学部的负责人。直到1929年他的位置才被杰出的化学家加斯顿·埃德蒙·贝尔所取代。贝尔的名字能够享誉整个科学家源于他在光谱分析领域的研究工作,这个领域主要是研究光谱以确定其来源的特征(例如,观察白炽灯的光谱来确定其组成成分)。1915年1月,他以法医化学家和物理学家的身份加入了巴黎警察局。这在之后的第九年,他参与的一起案件在真正意义上给了他一个很好的表现机会。

事情发生在1924年6月8日,人们在布洛涅森林里发现了一位名叫路易斯·布莱的七十岁老人(他于5月30日失踪)的尸体被裹在一条床单里。他身上所带的钱包和金表都不见了,由此可以初步推断作案动机很可能是抢劫。

巴黎警察局要求贝尔协助调查此案。很快他就调查清楚了布莱的死因,他是被人用钝器在头部数次敲击而亡的。接着他便开始仔细地找寻微量迹证。结果并没有让他失望。对尸体的头发进行梳理后得到的是河流中的泥沙和锯末的混合物，进一步的分析和调查说明后者中包含着橡树末和松树末。同时还发现了煤灰，不仅头发上有，连他的衬衫上也有。贝尔通过对煤灰密度的测量，确定其为无烟煤。另外他还发现了一些石屑，并确定其来源于砂轮。

贝尔在布莱的衣服上发现了两片黄色的纸板，其纤维是用稻草做的。从受害者的帽子上可以看出一种酒窖文化来。最后，也是最值得注意的发现是两只甲虫，它们都没有眼睛，说明此物种一定生活在完全黑暗的环境中。所以很明显这个老人先被击倒在地，接着身上便粘上了这些物质，然后被人从谋杀地带到此处，扔在了这里。

最开始警方很难找到任何线索。因为布莱似乎是一个非常受人尊敬的顾家型男人，生活中他很难陷入麻烦之中。接着警方在他的办公室里发现了一张报纸，上面有铅笔圈着两匹马的名字：自由海盗和明星蓝宝石。由此看来布莱似乎很喜欢赌博。事实上，他赌博涉及的资金量都很小，就算是赌输了也不会对他的财务状况造成任何影响。鉴于这一点是警方发现的唯一线索，所以他们决定由此展开进一步的调查。

他们走访了城里所有知名的赌博场所，并拿出了布莱的照片，希望能够找到认识他的人。然而一开始此事进行得并不是很顺利，但是最终距圣拉扎尔火车站不远处的一家酒吧的老板认出了他，说是他家酒吧的顾客，名叫路易斯老头。似乎布莱是个众所周知的赛马迷，同时也深受酒吧里其他顾客的爱戴，在

## 第四章 微量迹证

某种程度上，他很乐意为赛马的下注者跑腿，经常负责给赌赢的人送钱和赌金。

这便是警方一直在寻找的突破口。跑腿的人极有可能带着大量的现金，而且似乎布莱在报纸上圈出的两匹马经常能够赢得比赛。对于一个肆无忌惮的人来讲，一个老人带着可观的奖金将会是一个诱人的抢劫目标和对象。搞清楚了这些，下一步要做的就是追踪布莱去给哪位下注者送赌金了，因为这位下注者肯定是赌赢了。可是事实证明这件事实在很难办。在接下来的五个月里警方采访了几十位下注者，其中有合法的，也有非法的。然而所有人都说不认识布莱这个人，这下调查陷入了僵局。

就在这个时候警方找到了第二个突破口。在布莱办公室里工作的一名职员回忆说：布莱曾收到过一位名叫特希尔的下注者的信件，信中提到了他的"宿命"。当提到此事时，办公室里的负责人也回忆起布莱曾提到过特希尔这个人，还说他再也不想和这个人打交道了，还说特别不喜欢这个人的办公室，因为所谓的办公室只不过就是一间破旧的酒窖。更让警方喜出望外的是，他竟然还记得布莱告诉他这个人的办公场所位于莫加多尔街。

有了这些信息，警方很快就大致上了解了整个案件的来龙去脉。本案的犯罪嫌疑人是拉扎尔·特希尔，他是莫加多尔街30号的门卫。大家都知道他是一个非法下注者，而且事实上警方因为本谋杀案也走访过他；他当时声称自一年前被捕至今一直没有为赛马下过任何赌注。现在警方知道他是在撒谎了，于是没过多久警方就找到了特希尔办公的酒窖。贝尔被请到现场进行检查，经过仔细搜查他采集了一些样品。将这些样品在实验室进行观察后，他发现样品中含有的物质与他在尸体上发现的物质完全吻合——煤灰、河流中的泥沙和锯末。看到这个结果他很高兴，唯一让他有些失望的是他没有发现无视觉功能的甲虫。然而，考虑到这些证据已经足以说明问题了，所以甲虫的事也就无关紧要了。

就这样特希尔很快就被警方逮捕了，然而面对这样的铁证（甚至警方还发现他突然之间就还清了他所有的负债），他还是否认了所有的指控。尽管警方认为此案已经证据确凿，但是贝尔决定再去酒窖观察一番，这一决定和这一次观察对他而言仿佛一盏明灯。因这次观察让他发现墙上有一处位置附近似乎有血斑，血斑之上是新上的涂料。另外他还在楼梯底部发现了血液的痕迹，随后他利用乌伦胡特测试证明了这些血迹是人类的血液，然而特希尔却立即反驳说那是猫的血液。最后，楼层里的另一个租户说有时候他也给特希尔租用过他的酒窖，当他闻到酒窖里有一股难闻的恶臭时，特希尔却解释说这是下水道的味儿，并说他会处理的。但是后来证明这气味是布莱的尸体在地下室里腐烂而产生的。贝尔检查了下水道，在其中发现了他一直在寻找的无视觉功能的甲虫。

直到特希尔被告上法庭，他依然否认自己是谋杀案的凶手，尽管法医学的证据已经相当充分了。最终他仅被判为过失杀人罪，判处十年有期徒刑，然而贝尔却因为自己超群的刑事调查能力在整个法国享有盛誉。然而不幸的是，他的职业生涯

## 第四章 微量迹证

还是以悲剧而告终。

1929年9月中旬，贝尔刚刚接替贝迪永的位置继任法医科学部负责人，就被安排检查一位名叫约瑟夫·埃米尔·菲利波纳特的旅行推销员曾用于从房东那里获取资金的文件。贝尔花了好一段时间在实验室里仔细地观察了这份文件，最后发现这份文件是伪造的。当菲利波纳特得知这个消息时，他异常激动。三天后，他成功闯入贝尔的实验室，在贝尔背后开了三枪。贝尔当场毙命。当菲利波纳特被捕时，他愤怒地说："贝尔这人太不讲信用！我的文件明明就是真的！他死有余辜，我的所作所为都是值得的！"

法医科学最好的拥护者之一就这样结束了他的生命，他的离开对刑事侦查而言是一个巨大的损失。

在大西洋彼岸的美国也很早就意识到了显微镜的重要作用以及微量迹证在破获案件时的巨大潜力。在美国，这些技术被应用得最成功的案例要数发生在1936年的谋杀案，被害者是纽约小说家南希·蒂特顿。

34岁的蒂特顿和丈夫刘易斯（他是美国全国广播公司的高管）住在比克曼普雷斯（Beekman Place）22号，这里是纽约文化氛围最浓的地方。蒂特顿是一位十分受人尊敬的书评作家，同时被认为是最有希望的小说家。1936年耶稣受难日那天，当地家具商派了两名男子给蒂特顿送回了拿去维修的一张沙发，当这两人爬到公寓楼的四层时，他们大吃一惊，蒂特顿家的门竟然是开着的。这两人中年龄较长的一位名叫西奥多·克鲁格，他去敲门。可是始终没有人来应门，于是他和他年轻的助理约翰·菲奥伦扎便试探性地进了她家的屋子。结果他们发现屋里空无一人，情况似乎有些异常，于是他们开始查看其他屋里的情况。

他们来到一间卧室里，发现床上凌乱不堪，床罩和内衣散落在地板上。不一会儿，他们意识到浴室里的灯是亮的，淋浴的水龙头是打开的。他们站在门外大声喊了几声，但是又一次无人应答。这时候他们已经明显地感觉到事情有些不对劲了。于是他们慢慢地打开了浴室的门决定看个究竟。

只见南希·蒂特顿赤裸裸的尸体趴在空浴池里。她是被人用她自己的睡衣勒死的，因为衣服还紧紧地缠绕在她的脖子上。看到这可怕的场景，两人惊恐万状，克鲁格关掉水龙头并立即报了警。

由于蒂特顿的公众影响力以及他丈夫的重要地位，当地警方安排约翰·里昂斯组建了一支65人的团队来调查此案。很快他们就有了几个重大发现。床单上有绿色油漆的痕迹，地毯上有泥土的痕迹。然而这都是些小线索，他们发现的最大的线索是，当他们把蒂特顿的尸体从浴池中抬出后，发现一根被剪断的绳子，很干净，约十三英寸长。从蒂特顿手腕上的瘀伤和地上被撕破的内衣来看，此案的作案动机似乎很明显就是性侵犯，绳子就是在强奸前用来捆绑她的双手的。

奸杀之后，凶手剪断了绳子，然后将其带离作案现场，从而尽可能少的留下证据。如此谨慎的安排说明这凶手一定不是新手，另外将尸体放在浴池里淋浴冲洗，很明显也是一种试图毁灭法医证据的做法。对调查小组来说，幸运的是凶手逃得太急，

## 第四章　微量迹证

没有注意到剪断的一节绳子留在了尸体下面。

尽管确实有好几个证据可以跟进，但是对作案现场进行法医分析得到的最初结果却很让人失望。调查小组查出地毯上的泥土中含有装饰房屋时用的那种线头的痕迹，很明显是由两个男人抬进屋子的。从绿色油漆的痕迹来看，它肯定来自工人的油漆罐——整座大楼的外墙正在刷漆中。显然应该有四个人参与了这项工作，但是楼层里的其他租户确定蒂特顿被害那天大楼里只有一个工人，而且案发的时候他正在其他楼层工作。

这一结果让调查小组很失望，于是他们转而将希望寄托在收集与绳子长度相关的信息上了。就这样他们开始调查纽约地区所有的绳子制造商，看能否确定现场发现的那条绳子的出处。结果很不乐观，于是他们不得不将搜索范围扩大到纽约以外的其他三个州。跟踪绳子对此案的破获或许会有用，但很明显会花挺长一段时间。

与此同时，约翰·里昂斯一直都在琢磨这个案子，其中很多地方都让他困惑不解。首先，案发现场出现的绳子明显说明凶手是事先安排好的，然而却没有人在大楼里或者附近看到可疑人员。再者，南希·蒂特顿是一个非常小心谨慎的人，似乎不太可能让完全陌生的人进到家中。由此，我们可以推断，要么是凶手神不知鬼不觉地闯入了家中，要么是蒂特顿原本和凶手认识。里昂斯想来想去，认为后者的可能性要大一些——可是凶手到底是谁呢？

一位名叫亚历山大·格特勒的化学家的研究发现给了里昂斯很大的启发，他因此破获了此案。格特勒建议用放大镜仔细观察一下凌乱的床和被褥,结果发现了一根约有半英寸长的白色硬毛,这让他有点无从解释。因为将其与案发当天克鲁格和菲奥伦扎抬过去的沙发上用于装饰的硬毛做对比,发现两者竟然完全匹配。这也可能没有什么特殊的意义;毕竟公寓里出现几根硬毛不足为怪,因为沙发上一般都有这个。但是从硬毛的重量来看,它绝对不可能是被风吹进卧室里的,也就是说这硬毛肯定是通过其他方式来到这里的。

基于罗卡尔"每一次接触都会留下痕迹"的基本原则,里昂斯开始思索如何据此进行此案的调查。当然这根硬毛也很有可能是调查小组成员对案发现场进行检查时带入卧室内的,但是里昂斯觉得更有可能是克鲁格或者菲奥伦扎带入的,因为他们和沙发接触的时间和机会都更多一些,毕竟沙发里充满了硬毛。然而事实是他们两人根本就没有进入卧室,只是在门口站了很短一段时间。于是里昂斯开始设想:会不会是他们两人或者其中一人那天早些时候来过蒂特顿所在的公寓呢?虽然他也知道这种情况发生的可能性很低,但是由于没有其他证据,所以他决定沿着这个思路去研究和探索一番。

里昂斯去了家具商的店面并找到了克鲁格,他说那天在和菲奥伦扎一起送沙发前他一直在店里工作。菲奥伦扎也在店里,只是到中午的时候才来的;他告诉克鲁格他因为盗车一事去找他的假释官了。同时里昂斯也了解到最开始的时候也是菲奥伦扎和克鲁格一起去蒂特顿家取沙发的,这也就说明南希·蒂特顿和菲奥伦扎已经很熟悉了,否则也不会轻易让他来取家里的沙发,所以会不会是他找了个似是而非的理由来过蒂特顿家里一趟呢？考虑到这些，再加上假释官事实上在那个特殊的日子里是不上班的，因为那天是耶稣受难日，于是菲奥伦扎成了本案的头号犯罪嫌疑人。里昂斯调查了菲奥伦扎的犯罪记录，发现他曾因为盗窃被逮捕过四次，还被监禁过两年。更令人

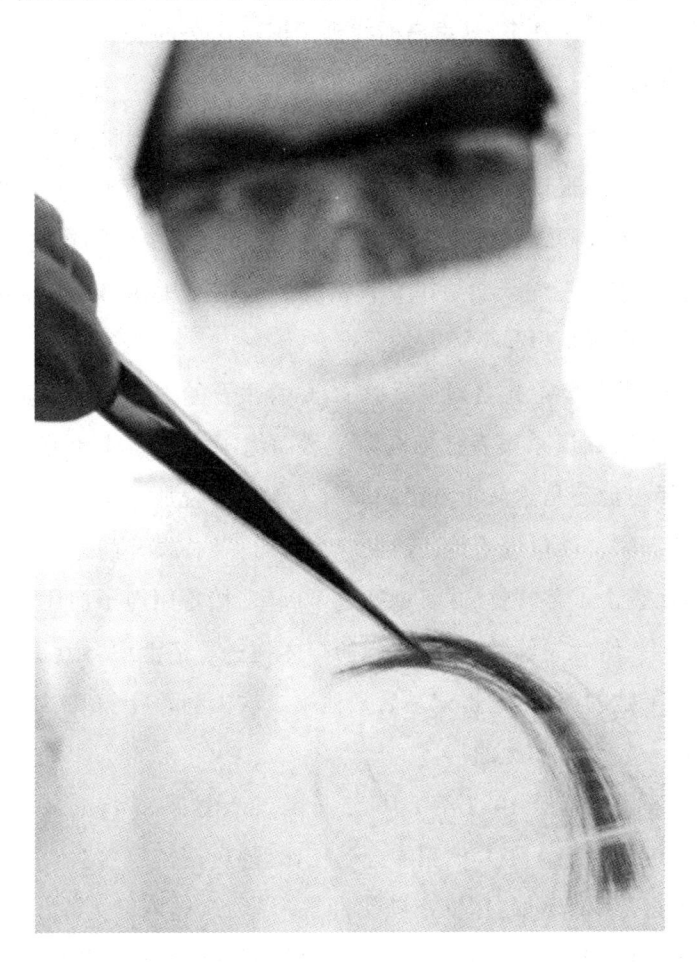

毛发检测——通常使用显微镜来确定其独有的特点，例如毛发的直径等——目前已经成为法医调查的关键组成部分。

震惊的是，他发现了一份1934年的精神报告，报告中形容菲奥伦扎的词是"妄想"和"易于疯狂幻想"。尽管这些信息进一步表明里昂斯的设想是有道理的，然而由于没有确凿的证据证明他是有罪的，所以他觉得贸然逮捕菲奥伦扎也只是徒劳。

终于在4月17日里昂斯找到了期待已久的突破口。在南希·蒂特顿尸体底下发现的绳子的出处终于曝光了——它是由宾夕法尼亚州约克市的汉诺威绳索公司制造的。虽然这种绳子销售的范围很广泛，但是里昂斯调查小组的成员们却成功追踪到一家批发商，在这里他们找到了一条非常重要的销售信息：就是其中一卷绳子卖给了克鲁格和菲奥伦扎所在的家具商的店里。这正是里昂斯需要的证据。

于是菲奥伦扎立刻被逮捕了；尽管最开始他一直不承认自己和此次的谋杀案有任何联系，然而绳子的证据让他无言以对，最终他还是承认了自己的罪行。他解释说那天早上他来到蒂特顿家，借口说给她还沙发。当南希·蒂特顿开门让他进来时，他袭击了蒂特顿，并将她拖进了卧室，接着用绳子捆住了她的双手。然后先奸后杀，并将她的尸体拖进了浴池中，然后用水冲洗了她的尸体，这也就是后来他第二次来到蒂特顿家中和克鲁格一起"发现"她的尸体的地方。

菲奥伦扎于1937年1月22日因谋杀南希·蒂特顿最终被执行电椅死刑。跟其他犯罪分子相比，他更清楚哪些法医证据对自己不利，例如：用淋浴喷头冲洗尸体，这样可以去除（就他所知）他带到犯罪现场的所有的证据，他以为这样就能瞒天过海而逃脱法网。但是在匆忙之中，犯罪分子不可能完全注意到

## 第四章 微量迹证

自己在犯罪现场留下的所有痕迹,但是细致的法医科学家却能够发现这些痕迹。

在纤维分析方面有一个更重要的里程碑式的案件。此案发生在英国利物浦,那是1940年11月2日的晚上,天气又冷又湿。不难理解,当15岁的玛丽·哈根的爸爸让她出门去买包香烟和一本《利物浦回声波》时,她表现得很不情愿。但是因为爸爸一再坚持,所以她还是穿上外套出门了,然而却再也没能回到家中。

于是家人报了警,警方开始了全面搜索。五个小时之后,警方在一个水泥房附近发现了玛丽的尸体。很明显她是被先奸后杀。下午版的《利物浦回声波》就散落在她旁边。

赶到案发现场的人员当中有一位詹姆斯·弗斯博士,他来自位于兰开夏郡普雷斯顿的内政部法医科学实验室。玛丽尸体附近有一块沾满泥土的织物,这引起了弗斯的注意。仔细一看它似乎是一块血迹斑斑的绷带。另外还发现玛丽脖子上有一个血印,似乎是拇指的印记。尽管玛丽身上有伤,然而却没有发现流血的迹象,这样一来似乎那绷带和血液都应是凶手留下的。绷带肯定是在双方撕扯的过程中脱落的,当玛丽被按住时,受伤的手指正好按在了玛丽的脖子上。

当对绷带进行实验室分析时,弗斯获得了一个重大发现。与伤口直接接触的那层绷带上浸渍着一种被称作吖啶黄的特殊防腐剂,另外绷带上还有锌软膏的痕迹。发现这一点的重要作用在于这在战争年代是一种最优化的伤口处理方式——别忘了此案发生在1940年,吖啶黄这种物质一般只用来给军人包扎伤口。因此弗斯几乎可以肯定地说凶手一定是一名军人。能够佐证这一结论的是一名目击者提供的证据,她说案发当晚有一名士兵曾向他询问去往当地军营的道路,而且她也注意到士兵脸上满是划痕。

于是警方将注意力集中到了附近的皇家锡福斯军营。没过多久警方就找到了犯罪嫌疑人;一位名叫塞缪尔·摩根的爱尔兰私人警卫,几个月之前就离开了,因为他被怀疑袭击并抢劫了当地一位名叫安妮·麦克维特的妇女。摩根已经回到了利物浦并受到起诉,但只是被起诉攻击了安妮·麦克维特。

警方决定进一步对摩根的家庭情况进行调查。摩根的嫂子承认说是自己窝藏了摩根,其实早就知道他是个逃兵。审问中她还说是她给摩根包扎了拇指处的伤口,用的绷带和药都是从摩根的军用箱里拿的,而且她确定用了锌软膏。另外她还说摩根的拇指是被铁丝网划破的。最后她还将剩余的绷带和药膏一起交给了警方。

接下来的事情让人感到十分意外。摩根竟然突然承认自己就是凶手了——声称他当时只是想抢玛丽身上的钱财——但不承认强奸了她。这让调查人员感到十分可疑;因为摩根的坦白加上目前可用的证据足以给他定罪了。不过要是他撤销自己的供词的话,他完全可以逃脱罪责,因为调查人员需要掌握更多的证据才能说服陪审团——不管有或者没有他的供词。

通过对绷带更进一步的观察,警方得到了他们所希望的结果。经过比较,警方发现摩根嫂子交给他们的绷带与案发现场发现的绷带一模一样,同时与摩根的军用箱中第三个没开封的

第四章 微量迹证

包裹中的绷带也一模一样。可是只有这一证据是不足以完全证明摩根曾在案发现场出现过,因为在战争年代绷带的使用在全国范围内都很普遍。于是弗斯开始观察摩根的衣服,从其上刮下了一些泥土的样品。他发现这些样品中含有微量的锰、铜和铅。接着他又在发现玛丽尸体的那个水泥房附近取了些泥土样品,很快他发现这些样品中同样也含有锰、铜和铅这三种微量元素。这就强有力地证明了摩根来过案发现场。

除此以外弗斯还注意到了其他一些证据。尽管找到的三种绷带样品都是一样的,但是案发现场找到的绷带和摩根嫂子交给警方的绷带事实上和别的样品是不一样的。因为这两种绷带是手工缝的双针,而其他的则是机械缝的单针。最关键的是,实际上军营里的每条绷带都是机械缝的单针。

如果摩根的绷带和其他绷带真的一模一样,他的辩词很可能是:有成千上万个绷带分别属于成千上万个士兵,怎么就能证明案发现场发现的那条绷带和摩根的嫂子交给警方的那些绷带属于一组呢?或许是其他士兵丢在案发现场的呢?然而不幸的是摩根存储的绷带正好就是军营里这么典型的一组,这正好证明了他去过作案现场。

他于1941年2月10日接受了庭审。果然不出所料,他撤销了自己的供词,说供词是在警方的威胁之下写成的。然而,由于他的辩护始终无法解释弗斯精心编制的档案中的一系列的证据,他被判处绞刑,于1941年4月4日执行。

当荷兰的两位镜片制造商制造出第一台显微镜时,他们并不知道他们的发明对整个世界有怎样的影响力,同时他们也不会料到他们的发明会对刑事调查有如此重大的帮助作用。显微镜的出现为检测和分析案发现场的微量迹证提供了可能性。近些年来,微量迹证,甚至微小的物质颗粒或者一根小小的毛发,引导我们破获了好些重案和要案——这证明,其实也无须证明,罗卡尔是对的:"每一次接触都会留下痕迹。"

Chapter 5
# 第五章　身　形

身形是灵魂的最佳写照。

——路德维希·维特根斯坦

　　谋杀有一个共同之处就是必定会留下一具尸体。从情感层面讲，生者很难面对一具失去生命的躯体，尤其是认识死者的生者。从某种意义上讲，尸体和死去的人具有相同的身份，面对惨不忍睹的尸体，人们往往会联想到他们的最后时刻，同时也会清醒地认识到一些东西缺失了，它不再是一个完整的人了。因此不想仔细观察尸体也情有可原。然而正如我们在前面章节里提到的，当我们认真研究细节时，人的残骸却能够给我们提供大量的信息。

当警方发现一具尸体时,他们的首要任务就是尝试着确认尸体的身份。正如我们已经看到的,身份确认的方法很多,然而今天最常见的方法是在死者身上找寻身份证,或者让其家属或朋友对尸体进行认领。当然,与此同时尸体也一直充当着破获犯罪案件时一项单独的且很重要的证据,由于很多谋杀案凶手和受害者是相互认识的,所以确认尸体身份常常能够指导警方直接找到犯罪嫌疑人。因此犯罪分子常常竭力去隐藏、摧毁或损坏尸体,意在防止尸体被发现或者即使是被发现了也很难确认尸体的身份。

然而,人类的尸体并不那么容易处理。它们很难被燃烧干净,即使被损坏,骨骼和牙齿也特别不容易被损坏。即使死亡后人的身体会变重,他们依然能够漂浮在水面上。然而将其隐藏起来或者分解掉,它们会迅速产生可怕的恶臭,并以此吸引昆虫和其他野生动物的注意。比如狗很容易就能闻到它们主人身上的味道。同时法医学在不断地发展和进步,即使被隐藏或分解了许多年,甚至已经完全成为骨骼的尸体,法医学家们仍然能够通过寻找重要线索的方法确认尸体的身份。

帕克曼—韦伯斯特谋杀案是美国法律史上最轰动的案件之一,也是在确认分解的尸体上最困难和最经典的示范案例。此案之所以能够引起如此的轰动,很大程度上源于涉案人员的身份及其恶劣的作案性质。此案与1849年11月23日下午失踪的一位名叫乔治·帕克曼的医生有关。

帕克曼是一位富裕的社会名流,还是一位商人和慈善家。

他，方方的下巴，瘦而结实，温文尔雅，拘谨有礼。他工作努力，从不奢华浪费，是被公认的和蔼可亲的绅士。一位名叫范尼·朗费罗的诗人称其为"文质彬彬的堂吉诃德"。不过，他也不是没有敌人，很多人说他心高气傲、贪得无厌、目中无人。1849年时，他的资产已经接近一百万美元，可以说是相当的富有了。

此案中还涉及另外一个非常重要的人物，名叫约翰·怀特·韦伯斯特。韦伯斯特，1811年毕业于哈佛大学。1814年，他与其他人在新英格兰共同创立了林奈学会。1815年，他从哈佛医学院毕业，之后便各处旅行。1818年，他与妻子携手步入婚姻的殿堂，其后重返大学校园，被任命为化学、矿物学和地质学讲师。1821年他被任命为教授，在大学校园里很受欢迎，享有很高的学术声誉。时任哈佛医学院院长的著名医生兼作家老奥利佛·温德尔·霍姆斯评价他态度温和谦逊，演讲时即便紧张但依然风度翩翩。

众所周知，后来韦伯斯特在财务方面出现了严重问题，这也是他为什么在1849年变卖马萨诸塞州剑桥市的房子而选择租住更便宜的房子的部分原因。尽管如此缩减成本，他仍然入不敷出。他写的书尽管性质上属于学术著作，但实质上却没有得到额外的稿费。于是他不得不向朋友们求救了，并以此艰难地偿还债务。

给韦伯斯特借款的人当中有一位名叫帕克曼。1842年韦伯斯特向他借了400美金。五年后这笔借款连本带利已经增加到了2432美金。作为担保物，韦伯斯特向其提供了一箱稀有矿物。然而不幸的是，直到1849年韦伯斯特的状况并没有好转——事实上情况更糟糕了。不得已之下他又借了一笔款,这次是从罗伯特·肖那里借了1200美金。但是他这次又用那箱矿物作了担保物。不幸的是,帕克曼发现了这个骗局,于是决定和韦伯斯特当面对质。

那天帕克曼却一去不返,再也没有回到家中,于是帕克曼的家人报警说他失踪了。就在同一天,韦伯斯特下午6点回到家中,然后去朋友的家中参加聚会。聚会中他看起来很幽默,完全没有表现出任何异常的迹象。

两天后,也就是11月26日,帕克曼的家人愿意以3000美金来悬赏发现他的人。同时印制了28000份寻人启事,并贴满了当地的大街小巷。

至此,一位名叫埃夫瑞姆·利特菲尔德的大学门卫开始在此案中发挥重要作用。利特菲尔德和妻子一起住在医学院的地下室里,正好位于韦伯斯特临时租住的房子旁边。一些人开始怀疑利特菲尔德与帕克曼的失踪有关联。可是,利特菲尔德却怀疑是韦伯斯特所为。后来他作证时说:就在帕克曼失踪那天,他听到韦伯斯特房间里有流水的声音,但奇怪的是门竟然上了锁;那天晚上的时候,他看见韦伯斯特教授拎着一个大箱子,并且让他帮忙点了火。同时韦伯斯特还问了他好些关于解剖室的问题。

11月28日,韦伯斯特很早就到了学院。因此利特菲尔德注意到前一天他的异常行为,所以他继续小心留意他的一举一动。他至少在燃料柜和熔炉之间往返了八次。熔炉被烧得特别热,连墙的另一边都热得不敢用手碰。韦伯斯特离开后,利特菲

## 第五章 身 形

尔德破窗进入了韦伯斯特的家中,发现尽管熔炉刚刚被填满,但是熔炉中竟然没有剩下任何引火物。此时利特菲尔德更加觉得事情有些不对劲儿了,于是他决定探个究竟。

第二天,正好是感恩节,利特菲尔德开始动手砸开韦伯斯特卫生间下方的墙壁来开辟一条通道。因为他发现当警察来大学校园里进行侦查的时候,韦伯斯特似乎有意引开警察的注意力,不让他们对卫生间进行侦查。要知道卫生间这个地方平时只有韦伯斯特自己去过。利特菲尔德费了九牛二虎之力砸开了两层砖墙,已经累得精疲力竭。第二天,他接着努力,最终成功地打开了一条通道。他爬进卫生间,发现里面有个洞(洞离地面有几英尺的距离)。洞里面漆黑一片,几分钟后他才适应。适应后他开始环顾四周,在一旁的灰烬中发现了不同寻常的东西。他吓了一跳,那几样东西竟然是人类的骨盆、肢解的大腿和腿的下半部分。

接着他报了警,弗朗西斯·图基警长很快带人来到现场。警方取走了遗骸,并派人请到了验尸官杰贝兹·普拉特。与此同时,韦伯斯特在剑桥的家中被捕。他一口咬定自己没有任何犯罪行为,并非常愤怒地质问警方怎么把这样残酷的犯罪行为和自己联系在一起。然而当警方如实告知利特菲尔德的发现时,他却喊叫道:"那个混蛋!我是被拉下水的!"紧接着他就开始指责看门人才是此案的罪魁祸首。之后不久,他又试图在牢房里服毒自尽。虽因他服用的计量不足以致死,但他却因此生病了。

警方开始寻找尸体的其他部位。当仔细检查韦伯斯特房间里的水池时，他们发现池内似乎被凿了好几个圆孔。地板上还发现了奇怪的酸渍以及往来熔炉区域的脚印。另外在熔炉内发现了一个纽扣、一些硬币和一些骨头碎片，其中包括颌骨和牙齿；最后还在熔炉内发现了散发着恶臭的胸部。这是一个毛茸茸的无头无臂无腿的躯干；同时胸腔内塞着一个大腿，心脏和其他内脏器官均已失踪。警方后来又在韦伯斯特的房间里发现了一个右肾和一些韦伯斯特的衣服，上面满是血渍。

身份确认的任务落在了帕克曼妻子的身上，从阴茎附近和后背下方的胎记来看，帕克曼的妻子确认这的确是她丈夫的尸体。其后一位名叫杰弗里斯·怀曼的医生，也是美国著名的物理学家，被请到现场来观察和分析骨头碎片。观察分析后，他写了一份详细的报告，其中提到通过对骨头的观察估计此人身高约为 5 英尺 10 英寸，这与帕克曼的身高完全一致。

帕克曼于 1849 年 12 月 6 日被下葬。此次葬礼影响巨大，成千上万的人涌上街头。对韦伯斯特进行审判始于 1850 年 3 月 19 日，一直持续到 4 月 1 日才结束。据估测，此间出席庭审以及在庭外徘徊等待的总人数超过了 6000。报道此案的记者甚至来自遥远的伦敦、巴黎和柏林。

庭审中被告方辩护说那个尸体根本不是帕克曼，同时提出质疑：在尸体的胸部是否发现能够造成致命打击的"伤口"？正如我们看到的，胸部附近几乎没有发现血液——如果没有发现致命的打击，就等于没有证据说明此人是被谋杀的，无论凶手是谁。

哈佛医学院的老奥利佛·温德尔·霍姆斯院长对此作了反

第五章　身　形

驳,他论证说肋骨之间的伤口未必会导致大量的失血。同时他还说肢解尸体的一定是具有解剖学和肢解相关知识的人,并指出尸体的骨架确实和帕克曼非常类似。

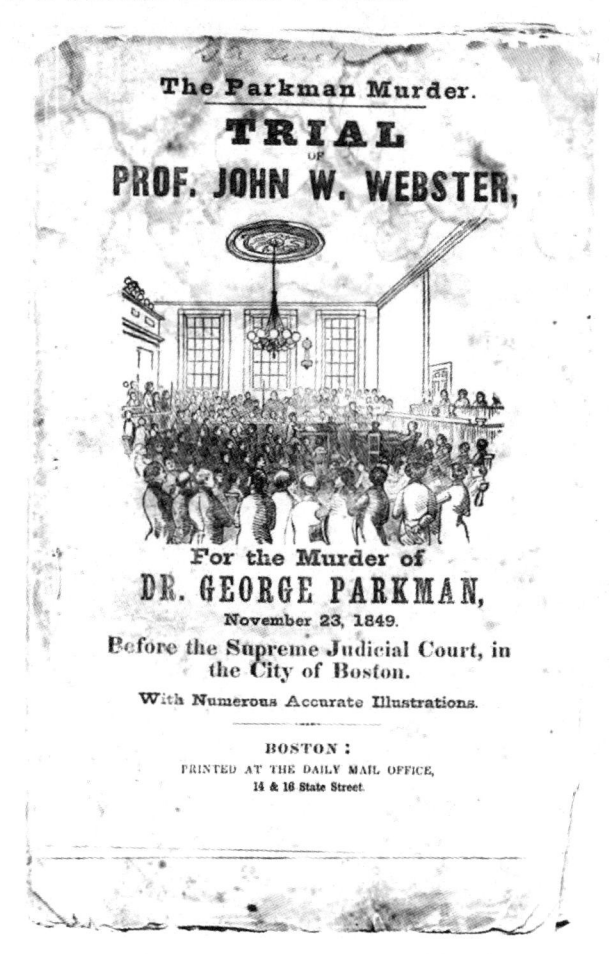

1849年11月23日出版的一本小册子中详细介绍了约翰·韦伯斯特谋杀乔治·帕克曼一案的情况。此案给公众带来了无穷的想象力,同时也吸引了大量媒体的关注。

其他一些专家证人也纷纷出庭作证。查尔斯·杰克逊医生为焚烧尸体做了论证,并指出"实验室的熔炉能够消除焚烧鲜肉时散发出的气味,帕克曼的牙医名叫内森·基普,向法庭哭诉说案发现场发现的颌骨和他保存的帕克曼的石膏印记完全匹配,接着他又向法庭展示了在熔炉中发现的松动的牙齿与帕克曼的镀牙模具正好吻合:模具上留下的刻字一看便知此模具是基普为帕克曼制作的。

尽管被告方试图反驳这一证据,然而1850年4月1日韦伯斯特还是被认定犯有谋杀罪,并被判处死刑。5月4日,韦伯斯特的律师向法庭提交了一份请愿书。但是最终被驳回了。于是韦伯斯特又向州长乔治·N.布里格斯求助,请求赦免,并声称自己是无辜的。但这一努力最后证明也是徒劳,布里格斯还是签署了死刑执行令。

直到6月,韦伯斯特终于提交了供词,尽管他在供词中坚持说:开始时他和帕克曼就债务问题激烈地争论了一番,后来因为自卫失手杀死了帕克曼。究其原因是帕克曼表现得过于愤怒激动,韦伯斯特以为他可能会攻击自己,所以为了自卫,韦伯斯特抡起附近的木棒打死了他。韦伯斯特于1850年8月30日被送到波士顿的莱弗里特街监狱,并在那里公开执行了绞刑。死后他被葬于考普山墓地。作为无偿的爱心捐助,帕克曼的妻子成为创建韦伯斯特遗孀救助基金的第一人。利特菲尔德因提供了帕克曼下落的有效证据获得了3000美元的悬赏金,也因此可以舒舒服服地退休了。

帕克曼—韦伯斯特案将美国社会的科学、文化和法律体制

## 第五章 身形

结合在一起,是第一起利用法医学——确切地说是牙科方面的证据——来破获的案件。同时此案还有深远的文化影响力,像查尔斯·狄更斯这样的显贵名流初次来马萨诸塞州时,都坚持要去参观一下决定帕克曼命运的房间。直到20世纪前后,历史学家们依然对此案保有极大的兴趣,甚至著名的历史学家西蒙·沙马还围绕此案创作了《死亡的必然》。尽管如此,对此案审判和处理方法表示质疑的声音依然存在。依然有部分人认为法官对韦伯斯特的裁决并不公平;还有另外一部分人认为尽管此案有失公平,但无论如何审判结果无可厚非。

尽管帕克曼案和其他一些类似的案件展示了尸体处理和确认逐渐成为一种系统的研究方法的过程,然而真正将其转化为一门精确科学的当属法国病理学家杰·亚历山大·尤金·拉卡萨涅。拉卡萨涅,1843年出生于卡奥尔,在斯特拉斯堡军事学院毕业后成为一名专业的军医。渐渐地,他熟悉了各种创伤,甚至在参加北非战役期间观察了如何对枪伤进行手术。他1878年退伍时出版的《司法医学摘要》就来源于他的军医经历。因此,1880年他被请到里昂大学新成立的法医学研究部当主席。在任职期间,他凭借着自己的专长帮助当局破获了很多起案件,同时还创造了一句名言"必须知道该如何怀疑",并将其灌输到他的每一位学生的脑海中。

拉卡萨涅破获的最大案件发生在1889年8月。米勒里是里昂南部的一个小镇,当地一条小河臭气熏天,于是一名当地官员来此处展开了调查工作。在当地几个委员会工人的帮助下,他最终在河边的灌木丛里发现了一个被弃的帆布袋子。破布散发出来的恶臭扑鼻而来——那味道对嗅觉器官来讲简直就是一种绝对压倒性的震撼——他们强忍恶臭将布袋从隐藏处拉了出来。然后官员解开了系在袋口的绳子。

如果说用糟糕来形容气味，那么眼前所见更甚。袋中是一名黑发男子赤裸的尸体，被肢解得七零八碎，并用油布裹着，外面用绳子捆着。接着警方迅速出动，将尸体转移到了里昂城市停尸间——其实就是锚定于罗纳河中央的一艘开始腐烂的旧船。之后一位名叫保罗·伯纳德的医生被请来进行尸体检验：一项令人毛骨悚然的工作。鉴于尸体的状态，起初很难判断男子的死因，但最终他给出了这样的结论：此不知名男子系被人勒死。伯纳德估计此人年龄约35岁。

在尸体被发现几天之后，警方又发现了一个木制的箱子。从黏着其上的腐肉判断，尸体也曾在木箱里盛放过。尽管此木箱已在水中浸泡多日，然而它依然留下了一条很有用的线索：残缺不全的铁路标签表明此木箱于7月27日从巴黎被送往里昂佩拉什火车站。

这一令人毛骨悚然的案件很快成为法国各地新闻的头条，甚至欧洲其他报社也刊登了这起案件。巴黎安全局的助理弗朗索瓦·戈龙被安排负责监督彻查此案。通过调查失踪人员档案，他发现了杜桑·奥古桑特·古费的名字，此人49岁，是一名法警，因玩弄女性而臭名昭著。7月27日由其妹夫安德里报案失踪。

古费和他的三个女儿一起住在蒙马特尔街。他的性欲旺盛得可称为传奇，晚上的大部分时间他都在咖啡馆和俱乐部里寻

## 第五章 身形

找潜在的性伴侣。那是一个周五,他本来应该是晚上彻夜不归才对,然而竟抵不住诱惑,一早就离开了办公室,去了一个女人的家中。7月27日(这天是周六)早上9点钟,办公室所在大楼的管理员奇怪地听到古费办公室传来脚步声。当再次听到下楼的脚步声后,管理员打算前去寒暄几句,没想到此人竟然不是古费,而是一张完全陌生的脸,发现被人撞见,他立即迅速跑出了大楼。管理员见状,猜想那人必定是个小偷,立即派看管人员上楼去查看古费的办公室,却奇怪地发现古费约14000法郎的收入竟分文未少。

为了证实古费确为此案的受害者,戈龙安排安德里前来认尸。来到作为停尸间的驳船上,那堆肢解的尸体和那股令人无法忍受的恶臭,使得安德里没敢看尸体第二眼便感觉心中作呕,迅速跑了出来。他告知戈龙这尸体很可能不是他姐夫的,因为他姐夫古费是栗色的头发,而他看到尸体上黏在胸部的头发是黑色的。

这话让戈龙大失所望,然而他并不是一个轻言放弃的人。于是他再次向伯纳德医生询问,但是医生确定死者确实是黑色的头发,而不是栗色的头发。至此戈龙依然坚信死者就是古费,于是他让伯纳德从尸体上收集了几缕死者的头发。当戈龙将其浸泡在蒸馏水中时,很快粘在头发上的灰尘、血渍和泥土就被洗去了,最终头发呈现出的颜色的确为栗色。看到这结果,伯纳德既觉得惊讶又感到十分惭愧。然而发现这一结果的时候,由于死者的尸体已经腐败不堪,已经被葬于吉约蒂埃公墓了。于是戈龙下令立即掘墓并于11月中旬将尸体送至拉卡萨涅的大学实验室。尽管最初尸体被发现时拉卡萨涅并不在场，然而他参与此案作用非同小可，因为其他医生似乎容易遗忘一些细节。就这样他开始工作了。

到此时，尸体真的腐败不堪了。生殖器官都已经完全被分解了，大部分面部肌肉和体毛已经消失不见了，部分头骨也无影无踪了。拉卡萨涅的首要任务就是刮去表层的腐肉——因为表层已经腐败到没有任何研究必要的地步了。

伯纳德初步尸检时的不当操作让事情变得更加糟糕：他是用锤子而不是锯子脱去头顶的骨头的，这就意味着拉卡萨涅没有办法对死者头部的外伤进行检查了；其次他还用凿子破坏了胸骨，使得拉卡萨涅无法确定死者胸部是否受过重创；另外他还移动过死者的其他骨头和器官，并将它们装进了篮子里。尽管如此，拉卡萨涅通过观察还是发现了死者的以下特征：右膝盖骨畸形，与之相邻的部分骨头及其上的肌肉发育不良。另外，他还发现死者年轻的时候腿上感染过结核病。综合以上情况，可以肯定此人平时走路应该是一瘸一拐的状态。得知此事，戈龙很快走访了古费的亲戚和修鞋匠，并证实古费确实跛行。

拉卡萨涅也对死者的牙齿进行了检查，从结果来看，他估计死者的年龄大约50出头，而不是伯纳德最初尸检后所说的35岁左右。如我们所知，古费是49岁。死者的甲状腺软骨已断裂，这证明受害者确实因窒息而亡，但是拉卡萨涅认为受害者是被人用手掐住喉咙勒杀的，而非伯纳德推断的用绳子勒杀或者绞杀。最后检测的是头发。拉卡萨涅对比了取自尸体的头发和取自古费梳子上的头发，结果发现它们的颜色一致，而且

## 第五章 身形

直径均为0.13毫米。经过以上检查和分析,拉卡萨涅和戈龙确定死者就是古费。如果没有拉卡萨涅系统化的尸检方法,此案很可能无法大白于天下,特别是第一次尸检的错误信息和脏乱头发造成的假象就很可能无法得到澄清。

尽管此时他们已经明确知道了受害者的身份,然而凶手是谁呢?他们需要继续寻找线索。戈龙派人复印了很多张曾装过死者尸体的木箱的照片,并将其贴满了大街小巷,希望能有人回忆起木箱的有关情况。据估测有35000人看到了此木箱的照片,同时有成千上万份照片流传到了世界各地。这听起来有点儿像大海捞针,但是结果还真的捞到"针"了——戈龙收到一封法国人的来信,此人现居伦敦,在报纸上看到了木箱的照片。他在信中讲到一个自称迈克尔的男子,长相丑陋而且秃顶,带着女儿和他在刚刚过去的六月一起住过一段时间。他们从尤斯顿大道附近的商店里买了一个和照片中一模一样的箱子,并且最终将箱子带回了巴黎。

这位法国人对自称为迈克尔的男子的描述与戈龙得知的一位名叫迈克尔·埃罗的长相十分匹配,在其失踪前几天,戈龙还见到此人喝得酩酊大醉。和他们一起的是埃罗的美女情妇(事实上,并不是他的女儿),名叫加布里埃尔·邦帕尔,曾经是一名妓女。考虑到古费的眼睛一刻不停地盯着各种美女,这似乎正好是戈龙一直想找的线索。得到这个信息后,戈龙立即安排寻找埃罗和加布里埃尔的下落,不幸的是他们俩就像人间蒸发了一样,踪影全无。

于是戈龙再次想到了报社。幸运的是,没想到他们竟对这个故事津津乐道，很愿意参与其中。不久，报纸上满是关于埃罗和加布里埃尔的描述、照片和背景信息。接着，完全出乎戈龙的意料之外，他竟然收到了一封埃罗的来信，信中首先讲到他目前居住在纽约；其次他不明白为什么戈龙要将矛头指向他，并向公众暗示他是杀害朋友的凶手；另外，他表示自己对此事一无所知。此外，他还提供了另外一条信息，暗示他的前任情妇邦帕尔很有可能以某种方式参与了这起谋杀案。最后，他承诺回到巴黎，并亲自去找戈龙。

出乎意料的事还不止于此。几天后，邦帕尔由她的现任情人陪同一起出现在了警察局里。用戈龙的话来讲：邦帕尔小巧可人，灰色的眼睛迷人水灵，牙齿洁白整齐。可是稍后他便发现，邦帕尔是"金玉其外，败絮其中"。原来她此行的目的是谴责埃罗是杀害古费的凶手，同时承认自己是他的帮凶。

当戈龙质问邦帕尔时，她很坦率也很直接。她说这次谋杀案发生在特龙松库德雷大街3号的一间屋子里。尽管她说她从埃罗口中得知了此事，但是她声称案发时自己并不在现场。此案之后，她便和埃罗一起离开去了美国。在美国期间，她找到了新欢（此人便是和她一同来警察局的男人）便离开了埃罗。很明显埃罗心中不悦，一直盘算着要干掉这个后来居上者。好在邦帕尔看出了埃罗的计划并将其告诉了她的现任情人，两人这才想方设法逃回了巴黎。事实上，劝邦帕尔来警察局说明情况的正是她现在的情人。戈龙非常欣赏邦帕尔的挺身而出，尽管如此，他还是派人逮捕了邦帕尔，并对其进行了拘留处理。

与此同时，戈龙派人去美国和加拿大寻找埃罗的下落，当

## 第五章 身 形

时他们未能将其抓获,尽管他们掌握了他的很多轻微犯罪行为的证据,也跟踪了他很长时间,跋涉了很长的路途,最终还是空手回到了法国。但是埃罗万万没有想到自己会败在小小的贪念之上。在纽约的时候,他从一位土耳其人那里"借来"一件非常昂贵的东方风格长袍,理由是想穿着它留个影做纪念。可悲的是,那可怜的土耳其人从此再也没有见到过他的长袍,或者说再也没有见到过埃罗。因为埃罗随后去了古巴的哈瓦那,并试图在那里将长袍卖给一个裁缝。戈龙和拉卡萨涅的运气就在于,裁缝竟然认出了埃罗,因为他在报纸上见到过埃罗的照片,于是立刻上报到法国领事馆。接着搜捕活动展开。

警方搜查了埃罗在哈瓦那租住的罗马酒店,他们发现埃罗已经打包好行李物品,明显已经做好了快速逃跑的准备,然而埃罗本人却踪迹全无。当晚埃罗试图躲进妓院,但是妓院妈妈看他衣衫褴褛,对他产生了怀疑,将他拒之门外,并报了警。没过多久警方就在街头发现并逮捕了他。警方终于找到了他们要找的人。

在返回哈瓦那警察局的路上,埃罗试图自杀,但未能得逞。之后他被押送到巴黎,最后他终于承认了自己的罪行,并还原了故事的本来面貌。与邦帕尔的说法截然相反,埃罗说邦帕尔在很大程度上参与了此案,正是邦帕尔在他的劝说下将古费引诱到床上的,并躺在那里等待他的到来的。接着邦帕尔开始使出浑身解数魅惑古费,令其分心,埃罗在一旁趁机给古费当头一棒。事情按计划进行得很顺利;埃罗将古费打倒在地,一开始他们打算绞死他,没想到古费开始厉声尖叫,于是埃罗便徒手勒杀了他。接下来,埃罗先将尸体藏在了木箱子里,然后偷偷溜进古费的办公室偷走古费的钱——这就是整个事件的作案动机。然而,出于某种原因——很可能是由于恐慌和惊吓——埃罗并没能找到任何现金。之后埃罗又将古费的尸体扔进了河里,以为这件事就能就此了结。

如果这两个人在别处作案,或者拉卡萨涅没有参与研究此案,这两人很可能就逍遥法外了,不幸的是,他们偏偏在巴黎遇上了拉卡萨涅。经过为期四天的庭审,法院最终宣判埃罗犯有谋杀罪并被送上了断头台;尽管邦帕尔在此案中的作用也非同小可,然而她却得到了宽大处理,仅被判20年有期徒刑。

此案在法国甚至在全世界都引起了极大的关注,也在极大程度上提高了拉卡萨涅自身的声誉,与此同时,极大地促进了法医科学的向前发展。

发现袋中有尸体的情况更像是梦魇中或者好莱坞惊悚片中的景象,而不像现实生活中的情景,不过幸好生活中这种事情发生的概率极低。然而就在法国发生这样令人不快的事件之后,确切地说是几十年之后,在纽约也发现了一具身份不明的尸体,但事实证明,此事没有人们想象中的那么轰动一时。尽管此案并不是运用法医方面的知识破获的,但是此案的作案环境及其独特的价值却内含于本章节之中。

1913年9月13日,18岁的玛丽·巴恩和11岁的弟弟艾伯特在位于帕利塞兹丘陵的家中,通过门廊俯瞰哈德逊河。事实上这是他们俩常做的事。然而,这一次与平常有些不一样,他们发现清晨的浪潮中夹卷着一个包裹。他们看到时,正好包裹被

## 第五章 身 形

冲到了岸边。在强烈的好奇心的驱使下，他们觉得应该去看个究竟。

他们将包裹打开，发现里面有一个红蓝条纹相间的枕头。枕头已经开了条缝，里面塞满了羽毛。他们天真地幻想着里面或许有什么值得珍藏的宝贝，然而他们的幻想破灭了，因为就当他们不停地从中取出羽毛的时候，突然一具无头无上下肢的女尸出现在他们眼前。他们吓坏了，尖叫着跑回家告诉父亲他们发现了什么，他们的父亲确认后，立即报了警。

第二天，两个捕蟹人在哈德逊河流经新泽西威霍肯的岸边捕蟹，此处位于包裹发现处下游约三英里。他们也发现了一个包裹，里面是尸体的下肢。和之前发现的包裹一样，里面也塞着一个枕头，同时里面还有一块巨大的岩石，用以增加包裹的重量并使之下沉。尸体的下肢本身用报纸包裹着，其上的日期为1913年8月31日。

尸体的两部分均被送到了霍博肯市的停尸间，并请到了乔治·W.金医生来此进行检查。乔治估计这位女子的年龄约为35岁，鉴于她的关节软骨非常柔软，乔治推测她的身高约为5英尺4英寸，体重约为120~130磅。其次，他推测肢解这位女子的人一定是位经验丰富的高手，而且此人将女尸抛入水中的时间不太长，也就几天而已。另外，他判断这位女子刚刚怀孕不久。

也许是意外，用于增加第二个包裹重量并使之下沉的岩石给调查人员提供了一条有用的线索。地质学家研究发现这是一块片岩，这种灰绿色的岩石在新泽西非常罕见，但是在曼哈顿却十分常见。这块岩石形状很不规则,看上去像是从更大的一块岩石上断裂下来的,联想到纽约当时正在规划浩大的建筑工程,调查员推测此案很可能发生在纽约。于是大家对谁来负责处理此案众说纷纭,在进行了最初的几番探讨和争论后,最终将此案交给了纽约警察局(NYPD)来处理。

负责调查此案的是纽约最好的侦探之一,约瑟夫·A.弗洛特局长,辅助调查的是一级侦探弗兰克·卡萨萨、理查德·麦肯纳和詹姆斯·奥尼尔。弗洛特是法医学的坚定信奉者,曾于1906年专程前往伦敦去观察和学习苏格兰场(伦敦警察厅)是如何利用指纹破案的。事实上,在同年下半年回到纽约后,他在沃尔多夫—阿斯拖利亚酒店逮捕了一名形迹十分可疑的男子。此人操着一口英国口音,自称詹姆斯·琼斯,同时声称自己来此处仅仅是因为自己和酒店一位顾客有关。弗洛特对此表示怀疑,于是派人将此人的指纹送到苏格兰场(伦敦警察厅),他们发现此指纹和一位名叫丹尼尔·诺兰的臭名昭著的酒店盗窃犯的指纹完全匹配。顺便说一下,这是美国司法史上第一次使用指纹查获的犯罪嫌疑人。

弗洛特开始调查无名女尸案,首先他仔细观察了在两个包裹内发现的枕头。他发现其中一个枕套上有个刺绣的字母"A",高约一英寸,一看活儿做得就很业余;另一个枕头的标签上写着制造商的名字:新泽西纽瓦克罗宾逊·罗德斯公司。于是弗洛特亲自参观了这家公司,得知这批枕头有些令人失望:因为只卖出去了12个,全部卖给了一位名叫乔治·萨克斯的二手家具经销商。当萨克斯被问询时,他也说这种枕头的销量很低,

## 第五章 身形

他只卖出去了两个。一个卖给了一位妇女，警方仔细盘问妇女后，发现她似乎不太可能与此案有任何牵连。另一个与其他一些家具被一起运送到了布拉德胡尔特大道 68 号的一所公寓里。

房东告诉弗洛特两周前他把房子出租给一位自称汉斯·施密特的男子，此人称家具是他代替一位女性亲戚购买的；很显然所有的家具都是这位女性让汉斯买的。弗洛特花了一周的时间密切观察这所公寓，却没有看到半个进出的人影。于是，9 月 9 日，警方沿着消防通道爬上并撬开了一扇窗户，从而进入了这所公寓。然而目之所及令人毛骨悚然。

尽管有人曾试图清理过现场，然而地板上和绿色墙纸上的黑色污点依然清晰可见。很明显它们是血斑。还有一个箱子，内装一把一英尺长的屠刀和一个大型手锯。看样子这两样东西都在不久前被人清洗过。其次弗洛特还发现了几块小手帕，每块手帕上都有一个刺绣的字母"A"，与其中一个枕头上的字母一模一样。另外发现一捆寄给一个名叫安娜·奥姆勒的信件。大多数信件是从德国寄来的，但其中只有三封纽约的回信。弗洛特走访了所有的地址，拜访了信中提到的所有人。他最后走访的地方是位于第 47 街和第二大道的圣博尼费斯教堂。那里的牧师，约翰·布劳恩神父，回忆说安娜·奥姆勒是一位长相俊俏的 21 岁奥地利移民，曾在教区长家里做过女服务员，后来因行为不当被解雇。与此同时，神父也认识汉斯·施密特，他曾是教堂里的一位牧师，不过不久便离开这里去了位于第 105 街西 405 号的圣约瑟夫教堂。于是弗洛特便马不停蹄地在午夜前赶到了那里。没想到出来应门的正好就是施密特,当弗洛特做了自我介绍并讲明此次造访的目的后,他吓得差点儿瘫倒在地。当他恢复过来的时候,竟然一五一十地坦白了自己的罪行,这让弗洛特始料未及。

施密特声称自己和奥姆勒已经结婚,这让人听起来似乎有些荒诞怪异(原因很明显,他作为天主教牧师是无法正式结婚的)。婚后不久,也就是9月2日,施密特在她熟睡的时候割断了她的喉咙,将其杀害。施密特对自己行为的唯一解释是"我爱她。爱情,只有付出血的代价才能达到圆满"。或许这很接近他当时的真实想法,当发现她已经身怀有孕时,施密特杀害了她,原因就是为了避免她将此事传到公众的耳朵里。同时他也承认手锯和刀都是他买来的,当问及为什么肢解尸体如此专业时,他解释说在成为牧师之前,他是一名医科学生。他说自己将奥姆勒的尸体肢解后,将全身上下的各个部位都扔进了河流里——尽管除躯干和下肢以外的其他部分迄今为止都没有找到。

对施密特过去的经历调查后,发现他这一路真是命运多舛。他出生于德国阿莎芬堡的美因茨教区,1906年他成为那里的牧师。后因欺诈罪被捕,但随后他被认定为精神病患者,被无罪释放。于是当地主教便解除了他的牧师一职,这就意味着他随身携带着去美国的证书都是伪造的。1909年,施密特前往美国,出示证书后,他被分配到肯塔基州路易斯维尔的圣约翰教区。可是没过多久,他就因为屡次和那里的另一个牧师吵架而离开,最终去了纽约市的圣博尼费斯教堂。

进一步的调查发现,施密特除谋杀奥姆勒外,还在另外一所公寓里干起了伪造假币的行当,他的帮手是一位名叫欧内斯特·亚瑟·米雷的牙医,他负责伪造面值为10美元的假币。同时,弗洛特怀疑他谋杀了一位名叫阿尔玛·凯尔默的9岁小学女生,警方发现她的尸体被埋在路易斯维尔的圣约翰教堂,这里是他最初工作的地方。小女孩的尸体被焚烧过,但是从残留物来看,当局怀疑最初凶犯想对其进行肢解。教堂的看门人,约瑟夫·温德林被认定有罪,并被判处无期徒刑,然而此案却留下了很多重大疑点。后来才知道,阿莎芬堡的警方早就想就谋杀小学女生一案拜访一下施密特。

这时候弗洛特开始考虑做庭审的准备工作了。同时他认为也是时候通过尸体残留物来确认其身份了,而且这一点至关重要。幸运的是弗洛特成功地找到并说服了一位名叫安娜·赫尔特的女孩前来观察尸体残留物,并对死者身份进行确认。原来这位名叫安娜·赫尔特的女孩是圣博尼费斯教堂的一名女仆,她和奥姆勒彼此都很熟识。她向弗洛特解释说奥姆勒的胸前有一块棕色的色斑,当看到尸体残留物的时候,她一眼就认出了那块色斑。合理的分析和推测,再加上安娜的指认,死者的身份最终被确认了,它就是奥姆勒。死者身份的确认使得庭审进行得非常顺利。

1914年2月5日施密特被判处谋杀罪,两年后,也就是1916年2月18日他被送上了电椅。就这样施密特成为美国历史上唯一一位被判处谋杀罪的天主教牧师(如果他在实施谋杀时还依然算得上一位真正的牧师的话)。

另外一位名人在人体遗骸分析史上也占有举足轻重的地位，他就是英国著名的病理学家伯纳德·亨利·斯皮尔斯伯里(1877—1947)，很多人将其称为20世纪最伟大的医学探险家。他出生于沃里克郡的皇家利明顿温泉镇，在家中排行老大（家中兄弟四人）。父亲名叫詹姆斯·斯皮尔斯伯里，是一位工业化学家。1896年斯皮尔斯伯里来到牛津大学莫德林学院学习自然科学，1899年以学院优秀毕业生的身份进入帕丁顿的圣玛丽医院，专注于研究当时还是新兴科学的法医病理学。1905年10月，伦敦市政议会要求其辖区内的所有医院都必须指定两位合格的病理学家参与到突发死亡者的尸体解剖工作之中，就在这时斯皮尔斯伯里被任命为圣玛丽医院的助理病理学家。

帕丁顿的圣玛丽医院。当时医院被要求指定两个病理学家进行尸体解剖并介入疑难死亡案件的调查。伯纳德·亨利·斯皮尔斯伯里在此工作期间，处理了好几起医院里前所未有的极其恐怖的谋杀案件。

## 第五章 身形

由于斯皮尔斯伯里出色的专业技能，他有幸参与到了20世纪几个著名的案件的调查之中，其中包括1910年的霍利·哈维·克里平医生案，1915年的澡盆里的新娘案以及1934年声名狼藉的布莱顿谋杀案。但是斯皮尔斯伯里后来承认自己遇到的最具有挑战性的案件是众所周知的克鲁姆布斯谋杀案。

克鲁姆布斯，是位于伊斯特本和佩文西湾之间唯一的一片海滩，从1920年两名男子——杰克·艾尔弗雷德·菲尔德和托马斯·格雷——在这里谋杀了一位名叫艾琳·门罗的年轻打字员之后，这里就成了暴力和违法犯罪的滋生地。四年后，另外一起更加令人惊恐的谋杀案在此上演。

海滩沿岸有几座错落有致的海边别墅，从前它们归当地的海岸警卫队所有，目前供那些来此处旅游度假的人居住，每周的租金为3.5畿尼（英国的旧金币，值一镑一先令）。1924年4月一名男子用"沃尔特"这个名字租了一所名叫"警官屋"的海边别墅，共租住两个月时间。此人的真实姓名叫做帕特里克·马翁，他租住的海边别墅是他和他的情人艾米丽·凯的隐秘爱巢。

凯，37岁，成熟，性感，是一位速记打字员——这和艾琳·门罗一样，在伦敦一家会计事务所工作时与马翁相识，很快两人就坠入爱河。4月7日她来到伊斯特本，此时她已经怀上了马翁的孩子。她满怀期待地来到这个海边别墅里，憧憬着和马翁一起开始一段令人兴奋的新生活。

凯非常清楚地知道马翁已经结婚了——他的妻子是一位名叫莫沃尔宁的爱尔兰妇女，但是这并不影响马翁对她的吸引力，尤其是当马翁说他的婚姻生活不幸福并说要离开他的妻子时，她对这一点更加深信不疑。同时凯也知道马翁有过犯罪前科，年轻的时候他因一起银行抢劫案坐过五年牢。尽管如此，她还是爱上了这位皮肤黝黑的英俊的爱尔兰男子，怀上了他的孩子，并且迫切希望能和他开始一段新生活。可是凯有所不知的是事实上马翁在不停地拈花惹草，而且他的犯罪前科也不仅仅只有银行抢劫，在过去的很多年中，他可谓劣迹斑斑，却总能瞒天过海。

另外，马翁的妻子莫沃尔宁显然对于自己丈夫的种种劣迹了如指掌，但她似乎依然很乐意支持自己的男人。可悲的是马翁本人却并不乐意接受这些所谓的幸运：目前他所面临的现实是怀上他的孩子的女人希望他离开自己的妻子——但是他并不打算这么做。

事实上，马翁的大多数时间依然在莫沃尔宁那里度过。另外他甚至抽空又开始了一段新的恋情，这次他相恋的对象是里士满一位年轻漂亮的女子，名叫埃塞尔·邓肯，而且马翁答应他的新欢接下来的一周要和她一起共进晚餐。与此同时，他一直都在谋划如何用不为人知的方法来甩掉凯。4月11日，他来到伊斯特本，将凯的木箱子移到了凯所在的"警官屋"，并告诉凯说他要回一趟伦敦安排护照申请的事，然而事实上他却去了维多利亚的一家小五金店，买了一把屠刀和一把手锯。当晚他返回了克鲁姆布斯，接下来的整整三个晚上他都和凯泡在一起。周二也就是4月15日晚上，他用棍棒打死了情人凯，然后慌慌张张地将她的尸体拉到一间空房里，并上了锁。

接下来，就出现了此案最不寻常之处，当凯的尸体还在空

## 第五章 身形

房里慢慢地变臭腐烂，马翁就邀请他的新欢，埃塞尔·邓肯来海边别墅里过复活节周末。她同意了。这时候马翁意识到自己要快点把凯处理掉。耶稣受难日那天他重返海边别墅，并赶在邓肯到来之前，用他从伦敦买回来的那把屠刀将凯的尸体进行了肢解。肢解完毕后，他将尸体的每一部分都包扎好，并在离开前将其装在木箱里，这也就意味着木箱依然留在了空房里。

那天晚上马翁和邓肯在伊斯特本车站相见，两人一起在海边别墅度过了一个看似很平常的周末。邓肯甚至在空房里徘徊时还看到过那个木箱。马翁稍稍有些紧张，告诉她那里面装着他给一个朋友寻找的稀有书籍，为了防止遇到进一步棘手的问题，他迅速关上了房门。复活节后的周一，邓肯回到家中，那时候她依然不知道这样一个事实：周末的时候她和一具尸体只相距几米之遥。

邓肯离开后，马翁继续着手处理尸体的工作。他把头部和身体的其他一些部位扔入火中。然后将躯干切成小块，放在炖锅里煮熟。最后他将尸体的残留部分装入一个轻便的旅行箱中带回了伦敦，并将其丢弃在滑铁卢车站外。在这里马翁犯下了第一个也是唯一一个错误，他将旅行箱留在了车站的行李室。马翁的妻子早就看出他喜欢在外面拈花惹草，不久之后，他的妻子原本以为能从他的西服上找到他不忠的线索，却无意中发现了一张行李票。受疑心的驱使，她雇了一位名叫约翰·彼尔德的私人侦探来进一步调查此事。

5月1日，她和彼尔德一起去了滑铁卢，并找到了那个行李箱。当他们打开行李箱的时候，发现里面竟然是血迹斑斑的衣服、屠刀，还有一个装网球拍的帆布袋子，里面印有EBK几个大写字母。彼尔德是一位很有经验的侦探，见状立即报了警。然后他们将行李箱送回到行李室，其实这是彼尔德设下的一个圈套。但是莫沃尔宁还一直被蒙在鼓里，她并不清楚他们发现的这些东西究竟意味着什么。彼尔德告诉她回家后就将行李票放回到马翁的西服口袋里，别的什么也不要跟他提起。

  5月2日，马翁来到车站，打算取了行李箱返回伊斯特本。但他不知道警方已经在此等候多时了。当他伸手取行李箱的时候，两名侦探立即逮捕了他，并将其送到了坎农大街警察局。警察打开行李箱，质问箱内是怎么回事。起初，他声称那血迹是他给家里买肉时不小心沾在上面的。然而，当其被告知法医检查的结果说明血迹是人类的血液时，他终于编不下去了，于是承认自己杀了人，并将受害者尸体进行了肢解。然后他始终坚持说凯死于意外，说因为两人言语不和在争执的过程中，凯出言不逊，自己一时冲动便失手用煤斗砸在了她的头上，没想到她竟被自己砸死了。当时因为惊慌失措，害怕警方认为这是一起谋杀案，所以决定将尸体隐藏起来。

  警察局派了两名分局局长亲自去克鲁姆布斯查看屋子。他们可以肯定地说尸体的某部分依然留在屋子里，因为只要稍微接近这间屋子，那恶臭就已经扑鼻而来，甚至令人无法呼吸。于是斯皮尔斯伯里被立即请到了现场。他是这样描述案发现场的：这是我见过的最可怕的案发现场。他在我们之前提到过的木箱里发现了四个包裹，每个包裹里都包含着死者的一些部位。还有两大锅煮熟的人肉，另外碟子和其他容器中漂满了油

## 第五章 身形

腻的人体脂肪。他发现一个帽子盒里竟然藏着37种不同的人肉碎块，而在一个锡质的饼干罐中竟然装着好几个人体器官。地毯已经被血浸透了。

斯皮尔斯伯里花了好几天的时间，终于搞清楚了此案的来龙去脉。在此期间，他完整地拼凑了在灰烬中找到的一千多块煅烧过的骨头碎片。他认认真真地对每一块骨头碎片进行记录，然后转移到自己的实验室进行细致的检测。最终的结果是：除头骨和一条腿的一小部分骨头外，身体其他部位的骨头都被找到了。斯皮尔斯伯里从对凯的乳房检查结果判断她死亡时已经身怀有孕，然而真正能够说明这一点的子宫却消失不见了。但是他却无法确定凯的死因，主要是因为没法对其头骨进行检查。尽管如此，他坚信马翁的说法绝对不可信。尸体的处理方式如此可怕，可见马翁是个技术娴熟且行为极端的人，除此以外，斯皮尔斯伯里观察到极有可能致凯死亡的煤斗却没有任何损伤，这似乎有些讲不通，因为打在头上能致人死亡的力量不可能不在煤斗上留下痕迹。

于是各方开始着力寻找尸体上失踪的部分，尤其是头部。花园被挖了个遍，海滩也被搜了个遍，可是此事依然没有任何进展。没想到在拘留候审期间，马翁竟然告诉另一名犯人：他已经在一个狂风四起的日子里将头颅烧毁在火炉中了，在焚烧过程中，头颅不停地在火中翻滚，然而脸却始终朝着他，而且眼睛也一直怒视着他。事实上，这本就是热量和其他因素共同作用于头颅所产生的自然反应，马翁却在惊恐中跑出了海边别墅。得到这一消息后，斯皮尔斯伯里决定深入调查一下炉火是否真的能够将头颅完全烧毁。于是他找来一颗羊头做实验,短短四小时的焚烧后发现,它已经被完全烧焦,甚至用扑克牌就能轻而易举地将其粉碎。如此看来,马翁很可能就是利用这种方式成功地将头颅处理掉的。

在庭审过程中,马翁始终坚持自己的说法,将其说成是悲剧性的意外,且事发后自己惊慌失措。然而有大量的证据证明他是在撒谎,其中最确凿的证据也许就是在凯死之前他就买好了用于肢解尸体的刀和手锯——预谋的动机很明显。对此他狡辩说刀和手锯是事发后的4月17日买的,然而收据的复印件上明明白白地显示着这两样东西是他12日购买的。陪审团只用了四十分钟时间就认定他是有罪的,接着1924年9月9日他被执行死刑。

由此案产生的长远影响是促使了供警方使用的"谋杀案件工具包"的出现。斯皮尔斯伯里惊讶地发现警方竟然用手将犯罪现场发现的腐肉从尸体上取下来。为了解决这一问题,伦敦警察厅和斯皮尔斯伯里进行了多次面谈和讨论,最终发明了谋杀案件工具包,工具包中包含:一副橡胶手套、一把镊子、若干证据袋、一个放大镜、一个指南针、一把尺子和若干棉签。目前这种工具包已经成为任何调查的必备品,根据调查部门的不同,工具包中的物件也可能会有所不同。常见的附加物件和附加检测有:玻璃纤维刷、磁带、粉末、工具刀、剪刀、棉签、酒精喷雾器、手术刀、护目镜、血液测试、精液测试。

## 第五章 身　形

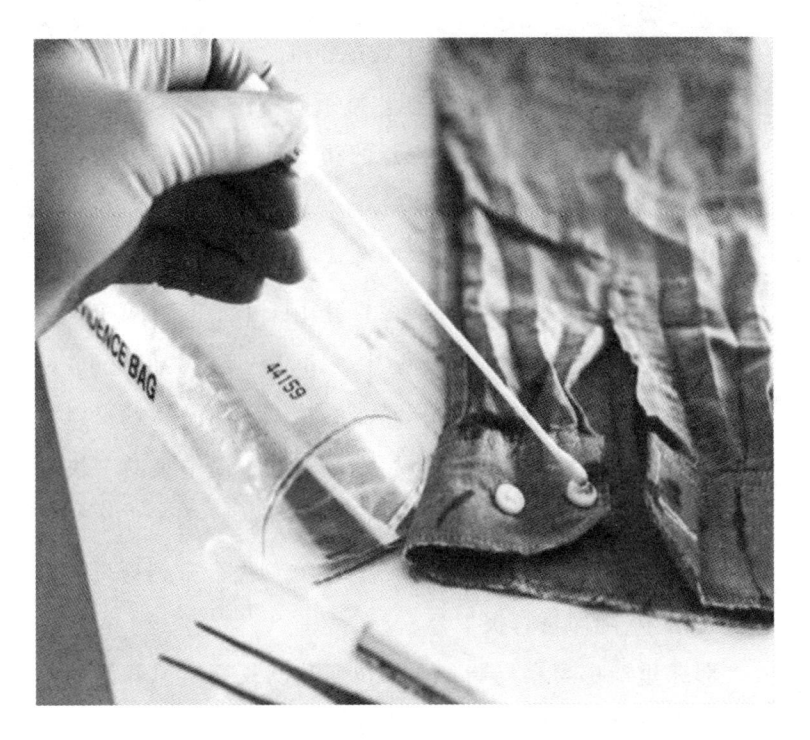

谨小慎微的调查态度在处理现代刑事侦查的司法实践中至关重要。图中所示为法医调查员使用的手套、棉签和用以防止犯罪现场的关键性证据材料被污染的无菌证据袋。

我阅读过的所有案件中最有趣也最让人不安的恐怕要数巴克·鲁克斯顿案了。破获此案的是另外一位非常著名的法医科学家，小约翰·格莱斯特教授(1856–1932)。一战期间，格莱斯特在巴勒斯坦皇家军队医疗队服役。1919年，他返回故乡格拉斯哥，成为格拉斯哥大学法医学院的一名助理，当时他的父亲(老约翰·格莱斯特也是一位知名的法医科学家)正好是学校里的钦定教授。其后，小格莱斯特在开罗的埃及大学担任法医

<<<179>>>

学教授一职,也因此有幸得到了观察和检验干尸的机会。1931年,他继任父亲的钦定教授一职。格莱斯特作为专家证人参与了很多案件,毫无疑问,他最得意的和最声名远扬的案例就是巴克·鲁克斯顿案。

1935年9月19日,一位名叫苏珊·海恩斯·约翰逊的年轻女子,从爱丁堡来苏格兰旅游,她打算用一下午的时间在邓弗里斯郡莫法特镇附近散散步。途中她路过一座名为魔鬼(这名字倒也恰如其分)的小桥,桥下流淌的是一条叫做嘉顿霍姆斯林恩的小溪,就在穿过桥的时候,她注意到小溪中央的一块岩石上仿佛有什么东西。仔细一看,她吓了一大跳,因为那东西看起来像是一只人类的手臂伸向一边。她立刻飞奔来到哥哥阿尔弗雷德家中,随即哥哥报了警。

邓弗里斯郡警察局局长斯特拉斯和队长斯洛恩开始介入此案的调查之中。紧接着警方对小溪附近进行了搜索,他们在小溪沿岸发现了几个包裹,打开一看,里面竟然都是人类的骸骨。这些骸骨包括一个无臂躯干、一段肱骨、几条腿、几块人肉以及两只上臂,这些骸骨均用女人的上衣和报纸包裹着。打开报纸一看,发现原来是《周日画报》,其上的日期为1935年9月15日。另外警方还发现了两颗被砍下的头颅,其中一颗包裹在一个连裤童装内。

第二天,格莱斯特博士和他的同事吉尔伯特·米勒博士一起来到了现场。他们一看便知尸体是由懂专业知识的人进行肢解的,解剖工作做得非常细致和漂亮。刀法可谓游刃有余——如不是对人体了如指掌,绝对不可能将尸体肢解得如此利落,

## 第五章 身　形

而且此人用的是刀而不是手锯。另外，死者的脸皮被剥掉了，很明显罪犯在试图隐瞒被害者的身份；而且手指的第一个关节以上部分也被切掉了，这是为了防止被害者留下指纹信息；同时被害者的所有牙齿也都被拔掉了，这样牙齿的信息也不复存在了；后来他们还发现罪犯对被害者身体上任何诸如胎记以及手术或受伤时留下的伤疤等标记也都谨慎地做了处理。

被害者的遗骸后被送往爱丁堡大学解剖部，在那里处理可能会感染蛆虫，为防止尸体的进一步分解并尽可能保持原样，它们被浸泡在福尔马林溶液中。此时，格莱斯特和米勒以及爱丁堡大学法医学和解剖学教授西德尼·史密斯和詹姆斯·布拉什开始对遗骸进行进一步的研究工作。他们面临的是一项极具挑战性的任务：对七十块人体骸骨进行重组，试图恢复尸体原貌，并对死者身份进行确认。这实在是一个令人毛骨悚然的智力大拼图。

他们的首要任务是找出哪一块骸骨属于哪个部位，并把不同部位的骸骨进行区分。这样做极大地加快了调查的进度，他们发现这些骸骨属于两个人。其中一具尸体比另一具尸体高六英尺；较高尸体的大部分部位都重组出来了，但较矮尸体的躯干却残缺不全；另外他们还发现了一只大眼睛，但很明显它不属于任何一个被害者——格莱斯特推测这只眼睛很可能来自某种动物，只是意外地和被害者的尸体混在了一起。

尽管对于被害者到底姓什名谁这个问题还存在很多疑点，然而警方一直努力地对小溪进行搜索着，不停地找寻着缺失的骸骨，也在不停地发现具有价值的新信息。最终他们发现了两只指尖未被切断的完好的手。将这两只手浸泡在热水中，格莱斯特就能从其上得到一套完完整整的指纹印。起初，调查团队认为较矮的死者是一名男性，但是随着越来越多的骸骨被找到，他们发现了三个乳房，这也就意味着两个死者均为女性。

他们接着要做的是确定两位死者的年龄。格莱斯特是通过观察头骨的缝合线来判断年龄的。缝合线是指连接组成头骨的不同部分之间的纤维联结。从婴儿期起它们就开始了缝合过程，通常到四十岁左右这一过程才能完全结束。通过观察发现较矮尸体的头骨还未完全缝合；而较高尸体的头骨几乎完全缝合。这说明较矮的死者肯定不到三十岁，而较高的死者四十岁左右。对较矮的死者头骨的进一步检测表明该被害者智齿还没有长出来，这也就意味着她最多也就二十出头的样子。

下一步工作是确定这两位女性的死因。他们发现较高的女性胸部被人连刺了五刀，另外还有几处骨折和多处瘀伤。此人颈部的舌骨也断了，这说明她是在受重伤后被人勒死的；看来罪犯是想确保她已经死了。从各种迹象看来，较矮的女性被某种钝器敲击过，但是肿胀的舌头也符合窒息而亡的推断。

当格莱斯特和他的调查团队在研究遗骸的同时，警方也在紧锣密鼓地寻找此案的罪魁祸首。包裹着手臂的9月15日的《周日画报》是一条非常关键的线索：它不仅帮我们提供了作案时间的信息，也向我们暗示了作案地点在何处。仔细一瞧，这报纸是区域版的，这个版的画报只发表发生在某一区域内的具有特殊重要性的事件，而且也只在这个区域内发行。

就在这时，巧合的事情发生了，正好有助于格莱斯特及他

第五章 身形

的调查团队查清此案。邓弗里斯郡警察局局长在报纸上看到一位名叫玛丽·简·罗杰森的女子失踪了，她是巴克·鲁克斯顿医生家里的保姆。她是在兰开斯特失踪的，那里离莫克姆很近。邓弗里斯郡警察局局长从与兰开斯特警察局局长的通话中得知，鲁克斯顿的妻子也在同一时间失踪了。这听起来似乎十分可疑，于是邓弗里斯郡警察局很快得到了两位失踪女性的资料。

巴克·鲁克斯顿是印度帕西人，他1899年3月21日出生

此为孟买大学图书馆，鲁克斯顿曾在此学习。

于孟买，毕业于孟买大学，取得了手术学士学位，就职于巴格达和巴士拉的印度医疗服务中心。他原名叫布赫提亚尔·鲁斯托姆基·拉坦基·哈基姆，1930年他为了自己的医学实践搬迁到英国的兰开斯特，与此同时也改了名字。鲁克斯顿是受人敬仰

<<<183>>>

的全科医师。他经常慷慨解囊，免费给贫困的病人治病。他是个有家室的人，他和妻子伊莎贝拉以及三个孩子一起在道尔顿广场2号过着舒心的日子。

杰西·罗杰森是玛丽的继母，住在莫克姆。她被警方带到现场观察尸体及与之一同被发现的衣服，看看与玛丽的衣物是否相似。她一看便心烦意乱，一眼便认出有件衬衫是自己继女的，并指出有一处还是自己之前亲自为女儿缝补的。那件用于包裹其中一颗头颅的连裤童装，被一位住在葛兰许镇的名叫福尔摩斯的太太认了出来，正是一段时间之前她送给玛丽的那件童装。很明显杰西·罗杰森是此案的重要线索人物，福尔摩斯太太给玛丽的孩子送连裤童装那时，她正好和玛丽一起度假。这些信息虽然令人难以置信，但是警方不得不把巴克·鲁克斯顿与此案联系起来了。作为一名医务工作者，他完全具有本案凶手肢解尸体时所运用的解剖学知识。于是警方迅速逮捕了他。

伊莎贝拉最后一次被人看见是9月14日，那天是周六，她和她的姐妹们去了黑潭，回家前她们一起在那里赏灯。后来鲁克斯顿叫来了保洁员并告知暂时不需要保洁服务了，等他的妻子从爱丁堡度假回来再说。更奇怪的是，鲁克斯顿请来了一位名叫汉普郡的太太，并问她是否能够帮忙打扫屋子，因为下周家里要来一位室内装潢师。后来她才知道自己需要帮忙做的是在花园外焚烧血迹斑斑的地毯和衣物。但是至于当时她为什么竟对此未起半点儿疑心，警方就不得而知了——或许是她天真地以为对于医生而言血液是一种常见的东西。其他目击者也看

## 第五章 身形

到大火在屋后持续烧了好几天。警方对鲁克斯顿的房屋进行了搜查，在废弃的管道中和浴室的排水管中发现了人肉，在楼梯的地毯上、浴室的墙上和地上发现了斑斑血迹。警方又对房屋后面的灰烬余物进行了搜查，在其中发现了好几块布匹，并被证实是玛丽·罗杰森的遗物。

这所有一切似乎证明警方已经找到了此案的真凶，然而警方仍需对尸体进行进一步的检查，以确定这两具尸体的身份分别是玛丽和伊莎贝拉。这项工作他们完全可以通过巧妙的法医技术来完成。首先，他们从其中一个尸体上获取了指纹印记，并且发现该指纹与他们在房间里收集到的玛丽的指印完全一致。

下面我们要提到的是此案在法医调查中的第一个史无前例。调查组成功地获取了两位死者的原始照片，伊莎贝拉的是一张在影棚里拍摄的照片，玛丽的是两张图像质量不太好的照片。首先清理掉头骨中的任何残留组织，然后从各个角度对头骨进行拍摄，并将照片与原始照片尽可能细致地进行对比。结果发现新拍摄的照片与原始照片尺寸完全一致；当将其叠加在一起时，发现玛丽和伊莎贝拉的新照片和原始照片完全匹配。

最后，我们再来讲讲另外一个史无前例。格拉斯哥大学卫生研究所的亚历山大·默恩斯博士能够通过观察出没于遗骸中的蛆虫生命周期判断出：两名被害者大约死于同一时间，大约就是在伊莎贝拉和玛丽最后一次被人看到之后。此前昆虫学从来没有在法医学领域运用过。

铁证如山，因此鲁克斯顿被判谋杀罪合情合理，尽管他本人由始至终一直强调自己是清白的。他于1936年5月12日在斯特兰奇韦斯监狱中被执行死刑。后来人们推测鲁克斯顿杀人的动机肯定是嫉妒以及认为妻子伊莎贝拉对自己不忠。案发前夫妻二人的关系已经到了水深火热的地步,由于争执,警方多次来家中进行调解。可怜的玛丽·罗杰森估计是在错误的时间出现在了错误的地点,听到了她不该听到的话,并为此付出了惨痛的代价。鲁克斯顿运用他的专业知识试图用最完善系统的方式对尸体进行肢解和切割,以此来掩盖被害者的身份,尽管他做得已经相当漂亮了,但仍然留下了蛛丝马迹。

任何人面对尸体时,尤其是面对一具被严重毁容或者被肢解的尸体时,做出的自然反应都是畏惧和退缩;在调查暴力犯罪案件时,尸体通常成为被调查的焦点。尸体的确能提供很多不同形式的有价值的证据,或许这些证据能够有效地帮助警方破案并将凶手绳之以法,但能够获取有价值的证据的前提是法医科学家必须具备一丝不苟的工作态度。

## Chapter 6
## 第六章 毒 物

适量的毒或可做救命的药,而过量的药则是致命的毒。

——阿尔弗雷德·斯泰勒,英国毒理学家(1806—1880)

投毒被詹姆士一世时期的作家约翰·弗莱切描述为"懦夫的武器"——一种隐形的杀戮。被投毒者身上不会留下任何疤痕,甚至还很可能被误认为是因病而亡。特别是在过去,投毒案往往与被压抑和被边缘化的社会成员有关——因为他们实在是别无他法。正因为上述原因,投毒案经常与女性联系在一起;妻子很难在体力方面超过自己的丈夫,于是投毒为她们提供了一个间接结束丈夫性命的方法。从法医的角度来看,投毒存在很多问题和风险性,这一章我们会就此话题展开讨论和探索。不过在此之前，我们首先有必要纵观历史了解一下投毒的概况，并跟随实践的脚步了解一些与投毒相关的知识。

史料证明，灿烂的古代文化中就已经有了各种毒物及其毒效的记载。早在公元前4500年，苏美尔人就掌握了一定的毒理知识。当时的苏美尔人发明了药片，并开始在暗地里利用毒药来干掉异己分子。众所周知，公元前3000年埃及的第一个法老美尼斯对很多有毒植物及其属性做了大量的研究工作。另外，古埃及人还掌握了如何配置和完善特定毒物的性能的相关知识，例如他们已经掌握了如何从桃内核中提出氰化物的方法。1872年发现的古埃及文字中提到了一系列毒物及其解毒剂。其后，在古希腊毒物被用于惩罚和处决，执行死刑时犯人被赐服毒胡萝卜汁一杯。这就是众所周知的公元前399年哲学家苏格拉底被处死的方式。

古罗马是政治阴谋和权力游戏的温床，人们一直以来都在寻求铲除异己的最佳方式。公元前82年，罗马帝国的投毒中毒事件已成灾，于是独裁者和宪法改革者苏拉觉得有必要颁布一部禁毒法令（也是世界上的第一部禁毒法令）《科尔奈里亚法》。尽管颁布了法令，然而投毒事件并没有因此而减少，相反却一直在持续增加，投毒事件数量最大是在公元1世纪，也就是朱里亚·克劳狄王朝统治时期。罗马历史学家塔西佗的书中提到过一个臭名昭著的投毒者，名叫洛库斯塔。说他于公元54年，用一碟下了毒的蘑菇杀死了克劳狄乌斯皇帝，指使他的正是皇帝的第四个皇后小阿格里皮娜。第二年皇后被判死刑，罪名与此次的投毒事件完全无关，然而在执行死刑的时候尼禄皇帝救

第六章 毒 物

了她,作为条件她得帮忙毒死克劳狄乌斯的小儿子布利塔尼库斯。

图为苏拉的半身塑像,他颁布了欧洲第一部禁毒法令。

在印度孔雀王朝时期,蛇蝎美人("毒美人")据说都是被当做刺客使唤的。这些古时候的女刺客靠着调情的本事,完全能够打入敌人内部,他们给予女刺客的是信任,然而得到的却是食物或者饮料中混合着的毒药。据说女刺客们在自己的身体上涂满了足够剂量的毒药(对于这些毒药,女刺客们早已习惯并适应了),男人们在舔舐过女刺客们的裸体后就毒发身亡了。虽然这些故事不可能完全展示当时的真实情况,然而无疑可以表明投毒已经成为一种现象。

这自然意味着人们也开始关心如何对待投毒本身。医生们开始编写论述如何发现并确定投毒者的著作,例如《魔药》就是其中一部,此书由印度学者和皇室顾问考底利耶(前350—前283)编著。公元前2世纪,希腊诗人尼坎德所著的《底野迦》和《论解毒》是现存的最古老的两本关于毒物的著作;希腊医学家狄奥斯科里迪斯(40—90)在他的医学专著《药物学》中对毒药进行了分类,并区分了不同毒药的起源,在接下来的长达十五个世纪的时间里,这本著作被认为是最权威的教科书。

投毒历史上最重要的发现——在很多方面都不尽如人意——出现得比较晚一些,大约是在8世纪。贾比尔·伊本·哈杨,有时也被称为基伯,是著名的化学家、天文学家和博学之人,于722年出生在波斯(也就是现在的伊朗)。他涉足的领域中取得的成绩最让人有目共睹的是蒸馏炼丹法和结晶炼丹法。正是这些对日常化学反应的点滴积累帮助我们奠定了现代化学研究的基础,也就是在此期间,基伯用结晶的方法成功提炼出了砷这种物质。这种物质被转换成一种无色无臭无味的粉末

第六章 毒物

后，就成了一种最致命的毒药。直到10世纪，人们才找到检测出此毒的方法。后来人们给这种毒药取了个绰号"继承粉"，因为那些迫不及待的继承人往往会用到它。

砷作为一种无色无味的粉末，几百年来都被认为是一种最理想的谋杀武器——尤其对于那些想摆脱麻烦的配偶或熟人来讲是谋杀武器的最佳选择。

随着毒药的不断推陈出新，将其用于犯罪目的的兴趣也日益增加——毕竟，投毒是摆脱敌对分子最简便的方法，同时又不容易被检测出来。渐渐地，制毒行业日益兴起，很快人们便开始销售与此相关的书籍，甚至向公众公开售卖毒品。有些国家甚至完全接受将投毒作为一种清除问题个体的方法——例如，威尼斯十人会（1310—1797）就因为采用此法而臭名昭著。事实上投毒是从意大利开始生根和蔓延的——从16世纪和17世纪开始那里就已经设立投毒者学校了；秘密的社会团体也从那时开始教授毒艺术。乔瓦尼·巴蒂斯塔·戴拉·波尔塔出版的《自然魔术》(1589年)一书被视为投毒者的教科书，书中详细介绍了如何在酒中掺入一种被称为温妮纳姆·卢比纳姆(Veninum Lupinum)的高烈度混合剂(它的组成成分包括乌头毒草、紫杉、生石灰、苦杏仁以及混合蜂蜜的玻璃粉)，并将其制成药丸。

与意大利投毒相关的人员中最臭名昭著的要数一位名叫托法纳·迪·阿达莫的那不勒斯女性。她发明了一种叫做"托法纳仙液"的含砷溶液，将其当做一种女性化妆品在市场上售卖，并声称这种神奇的物质是从圣尼古拉斯·迪巴里古墓中渗出的。事实上，这种东西在妇女之间特别流行，使用它的目的远比自我包装要阴险狠毒。很快，一波又一波的丈夫突然死亡引起了当局的注意。接着托法纳被捕，并承认因售卖"托法纳仙液"造成了近600位丈夫的突然离世。1709年，托法纳在那不勒斯监狱被吊死。

在17世纪的意大利，女人用毒药来实施谋杀的事件也不只此一例。17世纪50年代，年轻漂亮的妇女谋杀丈夫事件的数量在欧洲各大城市急剧上升。尽管其中一些妇女也向她们的牧师忏悔投毒杀死了自己的丈夫，但是信徒向牧师忏悔罪恶，牧师是不得向官府告密的。可是随着这种忏悔的事件日益增加，牧师开始有些惊恐了。于是他们于1659年向教皇亚历山大七世呼吁并请求给予解决的办法。教皇立即将此事提上了日程，并组织间谍进行了一次独立的调查，没想到调查结果让人瞠目结舌。一群年轻的妻子，其中一些来自罗马第一家庭，定期在一位名叫希耶罗妮玛·史帕拉的著名巫婆和算命者的家中召开会议，接受毒艺术培训。教皇下令逮捕了史帕拉和其他几名妇女，并将其全部绞死。另外还有三十几位妇女在街道上遭受鞭笞。

另外一个著名的投毒案件发生在17世纪晚期的巴黎。此案与托法纳·迪·阿达莫案和希耶罗妮玛·史帕拉案有很多相似之处。1679年两位助产士——拉瓦辛太太和拉威格勒，因教授、煽动并为全法国数以百计的丈夫谋杀案提供毒药而被捕入狱。两位助产士利用她们的职位还有她们的副业算命之便，获得了和每个社会阶层接触的机会。她们被捕的时候，警方在拉瓦辛的一本书中发现了一张名单，名单中详细记载了从她这里购买毒药的人员名单，其中还包括像卢森堡公爵和卜琼恩公爵夫人等地位很高的人物。这个客户群体主要是试图清除丈夫及其亲属以便顺利继承其遗产的妻子们。此二人被绳之以法，砍去双手后，于1680年2月被活活烧死。尽管此类事件一旦被发现，后果会很严重，但是教授毒药艺术的学校和机构却一直火爆并持续到了18世纪。

尽管用毒药这种隐蔽的方式无情地致人死亡的案件频发，但是真正能够用法医学技术捕获真凶也的确让我们等待了很长一段时间。直到1751年，一位名叫玛丽·布兰迪的女子被控告用砒毒杀了自己的父亲，侦破此案的专家才第一次用到了毒理学报告。

玛丽26岁时还没有结婚，在那个年代即使这时候结婚也已经算很晚的了。人们似乎很费解：她怎么会找不到丈夫呢？她声音甜美，身材性感，长相迷人，又完全有实力给丈夫带去10000法郎的嫁妆。按理说她应该很容易找个如意郎君。可是她的父亲弗朗西斯·布兰迪——泰晤士河畔的著名律师——对女婿要求太高，总是挑三拣四，挑肥拣瘦。对于玛丽的追求者，他不是嫌弃经济不够富足，就是嫌弃社会地位不高，似乎没有一个能令他满意的。

后来，玛丽遇见了一位苏格兰的陆军上尉，威廉·亨利·克兰斯顿阁下。他长得一点儿也不英俊，一脸的麻子，还是个斜眼，尽管是苏格兰贵族的儿子，但手头也不算宽裕。然而玛丽竟被他迷住了。此外，他还是个已婚男士，不过为了不让此等小事影响大局，他并没有提过此事。这样的安排似乎每个人都很满意：弗朗西斯·布兰迪满足于自己的女儿将要嫁给一个贵族，玛丽满足于整日与爱的人相伴，克兰斯顿满足于找到了一个舒适且富丽堂皇的家。

克兰斯顿觉得是时候处理一下他和妻子之间的问题了。于是他写信向妻子提出离婚一事，没想到妻子竟然温和地回信说：既然已经结婚了，何必要离婚，至于玛丽，最多也就能做你的情妇。然而没想到的是，克兰斯顿太太却出人意料地将这位陆军上尉告上了法庭。接下来此案的各种信息向布兰迪父女揭示了克兰斯顿的真实情况——原来他是个可怜的只有头衔的陆军上尉。得知此事，弗朗西斯·布兰迪非常愤怒，不允许玛丽和克兰斯顿再有任何往来。

然而玛丽却不肯轻易放弃这段感情。于是两人开始在玛丽

## 第六章 毒 物

母亲的纵容和帮助下进行秘密约会(特别是在克兰斯顿帮忙替玛丽母亲还清了伦敦的40法郎的债务之后)。1749年玛丽母亲突然因病去世。此时的克兰斯顿也欠了很多外债,于是他逼着玛丽还回她母亲当年向他借的40法郎。被逼无奈,玛丽贷款还了克兰斯顿的钱。就这样,两人的关系越来越微妙。这时候克兰斯顿竟然开始考虑更大的好事,那就是让玛丽继承父亲去世后留下的10000法郎的遗产。接下来他开始煞费苦心地进行预谋了。估计,他应该是建议玛丽给父亲服用某种药水,能够改善父亲的情绪,这样他就不会极力反对他和玛丽的结合了。他甚至跟玛丽解释说自己认识一位草药医生,能够配制这样的混合剂——他们要做的只是将其掺入食物和饮料当中。玛丽完全照做了。可是不久后弗朗西斯·布兰迪便病入膏肓了。

布兰迪家里的女佣,一个名叫苏珊·冈乃尔的女孩,开始对弗郎西斯·布兰迪迅速变糟糕的健康状况产生怀疑。她自己偷偷尝了尝玛丽给父亲准备的食物,很快她也感到身体不适了。这似乎证实了她的怀疑,她决定对做食物的锅进行仔细检查。在检查过程中,她发现了一种白色粉末。于是她将这粉末刮到纸上,并拿到当地的药剂师那里咨询。虽然药剂师没有任何办法来鉴定这粉末到底是什么物质,但是回到家中苏珊便提醒弗朗西斯·布兰迪玛丽想毒死他。听了这话,他立刻将玛丽唤到身旁,问她是否对他的食物做了手脚,玛丽什么也没说便离开了房间。

尽管如此,不知道为什么他依然让玛丽为自己准备饭菜。眼看病情越来越严重,玛丽请来了医生——就是帮苏珊鉴别白色粉末的药剂师,他告诉玛丽:如果她父亲去世,她就是谋杀犯。玛丽赶快将克兰斯顿写给她的情书以及剩余的粉末一并销毁了。几天后玛丽的父亲终于屈服了,决定结束冷战,他想和玛丽说说话。玛丽一进父亲的卧室便扑到他的膝前,跪着请求父亲不要诅咒她。父亲用手轻轻地抚摸着玛丽的头,告诉她会永远祝福她的,也希望上帝能够原谅她。

1751年8月14日,弗朗西斯·布兰迪最终没有逃过死亡的命运。玛丽知道自己已经被怀疑了,于是她想贿赂男仆500法郎,让其帮助自己逃往法国。但是男仆拒绝了,她便自己出逃了。可是没过多久,玛丽父亲布兰迪去世的消息和死因便传开了。接下来的便是通缉令,尽管玛丽使出浑身解数,然而法网恢恢疏而不漏,最终她也没能逃脱。克兰斯顿听说东窗事发也逃到了法国。他成功地逃脱了法网,却最终在几个月后因为贫困而死。

我们如何理解玛丽的行为,取决于玛丽是否知道那粉末是有毒的。如果她并不知道这一点,那么我们有理由相信父亲问她是否想毒害他时,玛丽离开屋子的原因是害怕父亲知道她偷偷给他吃管理情绪的药会不高兴。按照这个逻辑,当医生告诉玛丽粉末有毒时,她肯定会立即将粉末处理掉。但是如果她完全清楚粉末的毒性,那么很显然她离开屋子是因为内疚。按照这个逻辑,她会继续给父亲服用毒药,直至父亲死亡后才将证据(粉末)处理掉。尽管如此,我们很难相信玛丽对粉末有毒一事完全不知。

当玛丽等待审判时得知,父亲给她留下的遗产只有4000

## 第六章 毒物

法郎,远少于她的想象(她以为会得到10000法郎的遗产)。她终于知道父亲不希望自己结婚的真正原因了,是他买不起10000法郎的嫁妆。一直以来让克兰斯顿感兴趣的并不是玛丽本身,而是玛丽背后可继承的10000法郎的遗产(这是他和玛丽的设想),然而可悲的是,弗朗西斯·布兰迪并没有那么富有,如果他如实地告知玛丽并解释自己的困境,或许这样的悲剧就不会发生了。我们只能说他是死于并不存在的财富。也许这就是他为什么能够轻易原谅玛丽的原因吧。

玛丽于1752年3月3日因谋杀罪在牛津大学接受巡回审判。审判只持续了一天时间。苏珊·冈乃尔提供的证物是在烹饪锅底部发现的白色粉末,与此同时,厨师说自己是目击证人,他看到玛丽将信件和白色粉末扔进了厨房的火炉中。尽管对弗朗西斯·布兰迪进行尸体检验后,并没有在他的器官中检测到砷(其实那时候还没有设计出检测砷的方法),然而很多医生普遍认同的观点是:他的死因很可能就是砷中毒。因为经检测火炉中残留的白色粉末的确就是砷。但是我们不得不承认那时候的检测方法很不成熟:将一根烧得通红的铁钳靠近样品,通过产生的蒸气气味来判定是否为砷。尽管方法如此不成熟,但是当时的人们对此深信不疑。玛丽被判绞刑,于1752年4月6日执行。那天她穿着一身黑色囚服,双手被一条黑色的绳索捆在身后,她请求执行绞刑的人不要把她挂得太高,因为那样不体面。尽管给玛丽判刑时,医学鉴定起了一定的作用,但是导致玛丽被捕的更重要的原因是她不懂得如何谨慎地掩饰自己的所作所为。如果白色粉末未被女仆发现,那么似乎没有人能够证明砷是用于谋杀弗朗西斯·布兰迪的——正如我们所看到的,没有任何可靠的科学方法能够检测出砷的存在。终于,一位名叫卡尔·威廉·席勒(1742—1786)的瑞典属波美拉尼亚药剂师及化学家重新改写了历史。

席勒在自然科学领域取得了很多瞩目的成就,发现了七种不同的酸(事实上席勒的成就远比这多,但是他似乎总被人暗算,他的成就总是后人一步才公之于众,于是人们给他取了个绰号叫"苦命的席勒")。1775年,他进一步发现在硝酸溶液中加热锌和三氧化二砷(也就是白色的砷粉末)可以生成一种酸。在此过程中还产生了一种大蒜味的气体——砷化三氢,或者叫胂。这一发现意味着席勒能够确定无疑地检测出尸体的胃里是否含有三氧化二砷。

德国医生、药剂师塞缪尔·哈内曼(1755—1843)最突出的贡献是研发了一种被称为顺势疗法的替代疗法。1785年,他发现另外一种检测砷存在的方法,与席勒的方法有所不同。哈内曼发现向酸化砷溶液中鼓入硫化氢气体(这种气体闻起来有股臭鸡蛋味)会生成一种黄色的沉淀:三硫化二砷。因此用哈内曼的方法测试样品中是否含砷需要经过下面两个简单的步骤:1. 将样品溶于硝酸溶液中;2. 向酸化砷溶液中鼓入硫化氢气体。若溶液中出现黄色的硫化物,则说明样品中含有砷。

1787年,柏林大学医学教授约翰·丹尼尔·梅茨格(1739—1805)发现了一种更简便的用于检测砷的方法。他发现将待检测样品和木炭混合后一起放在瓷板上加热,若样品中含有砷,则含砷的氧化物就会蒸发,瓷板上只留下黑亮的沉淀(通常我们将其称为"砷镜")。

图为塞缪尔·哈内曼的半身像,他发明的检测砷的简便方法,为警方捕获更多的投毒者铺平了道路。

尽管这些发现无疑在很大程度上推动了这个领域向前发展，然而都还只是停留在理论上。其实到目前为止，依然没有办法将其运用到法医学的实际操作当中。1806年，柏林大学医学院的瓦伦丁·罗泽博士才真正解决了这个问题。他切下一位据说因砷中毒而亡的受害者的胃部，并将其放入水中煮沸。接着对液体进行过滤，然后用硝酸处理。这样做有两个效果：去除混合液中的人肉残留，将混合物的酸转化为含砷的酸。之后，他利用碳酸钾和氧化钙将含砷的酸转化为三氧化二砷。这时候他就可以利用梅茨格的检测方法来确认砷的存在了——事实上我们之前提到的各种方法都能用来确定砷的存在。

下面我们要讲到的是一位犯罪侦查领域伟大的无名英雄，他就是化学家詹姆斯·马什(1794—1846)。马什19世纪30年代曾在位于伍尔维奇的皇家军工厂担任军械化学家一职。1829年，他给迈克尔·法拉第做助理时就下定决心要做一名科学工作者。短短几年之后，也就是1832年，马什受邀检测从一位名叫乔治·波特尔的80岁老人(这位老人拥有巨额财富20000法郎，相当于今天的200万法郎)尸体的器官上采集的粉末。原告认为粉末是致其死亡的原因。

波特尔是一位农场主，住在离伦敦不远的普勒斯台德，体格健壮，充满活力。有一天早上他喝完咖啡便突然病倒了。胃里疼痛难忍，且呕吐不止，接着就离开了人世。介入调查此事的是当地的治安官员司雷思先生。很快他发现波特尔在家里很不受欢迎，因为他不但独裁而且喜欢施暴。另外司雷思还发现他们家里没有谁因为他的离开而伤心难过。有传言说波特尔的孙子

## 第六章 毒物

约翰希望他快点死,而且越快越好。考虑到此事有些可疑,司雷思请马什来检测乔治·波特尔的胃部及其喝的咖啡中是否含有砷这种物质,并由此来判定他的死因。马什利用席勒的测试方法,很快便发现咖啡中含有砷。他用同样的方法对胃进行了检测,结果得到了黄色的硫化物沉淀,这说明砷是存在的。当地一名药剂师也作证说约翰·波特尔从他那里买过三氧化二砷,与此同时,一名农场女工也作证说约翰·波特尔曾表示希望祖父赶快死,这样他就能继承祖父的遗产了。

从马什的测试和目击者的陈述来看,约翰·波特尔的罪名完全可以成立。似乎此案的结果已经显而易见了。

然而出人意料的是约翰·波特尔于1832年12月在梅德斯通接受审判时却被无罪释放了。原因之一是马什从咖啡和受害者胃中检测获取的三硫化二砷到了庭审的时候已经变质了。陪审团认为没有合理的理由去怀疑约翰·波特尔,因为砷是否存在是有争议的,于是陪审团认为他是无罪的。许多年后,约翰·波特尔因为犯有欺诈罪被驱逐到殖民地,在此期间,他终于承认是他毒杀了祖父,但从法律的角度讲为时已晚。

此时的马什并没有被此案的失败击垮,他决心接着席勒的研究继续前进。他希望能找到一种更合理的测试方法,既能够准确无误地判断出砷的存在,又便于陪审团中的外行人士理解。最终他研究出的测试方法如下:将样品置于添加了锌的盐酸溶液中,若样品中含有砷,则会产生砷化氢气体和氧气;用导管将气体收集起来,并将其点燃,若气体中存在砷化氢,则置于导管前的瓷托盘上会出现银黑色的金属砷。事实上,这个测试方法也有其弊端，因为若另一种金属锑(也是一种有毒物质)存在，用同样的方法测试也会形成黑色的沉淀。然而锑和砷不同，它能溶于次氯酸钠中，这样就能对两种物质加以区分了。

马什的测试方法十分精确，能够检测出五分之一毫克的砷。1836年马什的测试方法被刊登在《爱丁堡哲学杂志》上。马什第一次给出了如何真正可靠地测试出砷的存在方法。1846年，52岁的马什英年早逝，只留下一贫如洗的妻子和孩子，还有他未竟的事业，他的聪明才智和社会影响力却一去不返。

1841年德国化学家雨果·莱恩斯(1809—1884)发明了一种新的砷测试方法，此法比马什的方法需要的技术含量低得多。新方法操作简单，又能得到更为精确的测试结果。莱恩斯的测试方法是这样的：将待测试的液体样品与盐酸溶液混合，然后将抛光的铜箔板条置于混合液中；若样品中有砷存在，它将会与盐酸发生反应，在铜箔上生成灰色的沉淀物。尽管此方法简单、易于操作，但很快在托马斯·斯梅瑟斯特案中暴露了它的缺点。

1859年5月2日，一位名叫斯梅瑟斯特的四十多岁的退休外科医生因投毒被捕。几年前，他搬到了伦敦贝斯沃特的一间公寓里。正是在这里他认识了一位名叫伊莎贝拉·班克斯的房客。伊莎贝拉是一位生活富足又独立的女性，年龄也是四十多岁。没过多久，斯梅瑟斯特就开始和她激情四溢了。很快斯梅瑟斯特就离开了妻子，和伊莎贝拉在里士满开始了新生活，并于1858年12月9日与伊莎贝拉完婚。

1859年3月，也就是他们结婚几个月后，伊莎贝拉大病了

## 第六章 毒 物

一场，病症为高烧不退，呕吐腹泻不止。几番寻医问药后，病情始终不见好转，医生们心生疑虑，决定对其排泄物进行采样检测。主张对排泄物进行测试的是备受尊重的英国毒理学家阿尔弗雷德·斯泰勒。通过检测，他在一份样品中发现了金属类毒物。接下来斯梅瑟斯特因涉嫌投毒被捕。然而可怜的伊莎贝拉却因为治疗不及时在他被捕后不久便离开了人世。

她死后，斯泰勒进行了进一步的研究和测试，对在伊莎贝拉和斯梅瑟斯特共有的房间里找到的药瓶也进行了测试。在一个含有碳酸钾的药瓶中发现了少量的砷。斯泰勒推测斯梅瑟斯特用毒物污染了药品，所以伊莎贝拉服毒时才会毫无防备。斯梅瑟斯特被控为谋杀。然而，警方对伊莎贝拉进行尸检后并未在其体内找到砷的任何残留，同时也未在其生前留下的体液内发现残存的砷。

斯泰勒对此有些困惑不解，突然他想到了另一种解释，他想到了金属铜中含有砷杂质的情况。斯泰勒回忆起有一次他使用含有砷杂质的铜进行莱恩斯测试实验时，砷杂质能够与测试中使用的盐酸反应生成灰色的斑点。此时，斯梅瑟斯特已经被送去接受庭审了，尽管斯泰勒一再提醒法院和陪审团测试有误，然而却无济于事，法官认为从伊莎贝拉那里得到的原样品中含有"金属类毒物"就是斯梅瑟斯特有罪的铁证。就这样他被法院判为谋杀罪。不过最终在公众和专业人士——还包括内政部的请愿者——的强烈抗议之下，斯梅瑟斯特被判无罪释放。该案评论员们纷纷强调法院在审理此案的时候似乎忽略了一些证据：比如伊莎贝拉一向爱生病，经常性呕吐不止；另外事实上医生给她开的药中含有汞,因此从她的体液样品中检测出的金属类毒物很可能不是砷,而是汞。如此看来,她属于自然死亡,是由长期的身体状况不佳导致的。只要操作程序得当无误,马什和莱恩斯的方法都不失为检测砷是否存在的合理且有效的方法。

另外一个法医毒理学历史上的重要案件是玛丽–弗齐纳·拉法基案,这位法国女性于1840年投毒害死了自己的丈夫。此案之所以引起轰动是因为它是最早刊登于日常报纸上的庭审案件,也是很大程度上直接依赖于法医毒理学证据——而不是利用其他间接证据——破获的第一个案件,玛丽·拉法基也是第一个因此被判刑的人。

玛丽–弗齐纳·拉法基(她父亲姓夏佩尔)1816年出生于巴黎,其父是一名军官。她其实是(尽管是从她祖母那边算起的)国王路易十三的直系后裔。在她很小的时候,父母就离她而去了,孤苦伶仃的她直到18岁才被姨妈收养。尽管姨妈供她读书,待她如己出,然而两人的相处并不愉快,因为玛丽总有种寄人篱下的感觉——她觉得自己是个"没人爱的可怜虫"。

直到23岁(这个年龄不结婚算是绝对的高龄),她还没有结婚,因为姨妈希望她能自己找个丈夫。然而她并没有直接告诉玛丽自己的这一想法。最后一家婚介所给玛丽介绍了一个结婚候选人。他的名字叫查尔斯·拉法基,其父是一名治安官员,年龄28岁,身材魁梧,性格粗犷,对人粗鲁无礼。他家由于一次失败的商业交易而破产,于是他的父母就将婚姻看成是能够帮助他东山再起的财力来源。然而很明显他并不想让玛丽的家人

## 第六章 毒物

知道这个不可告人的动机，于是他隐瞒了家中真实的经济状况，还声称他家大业大、富足殷实。

这样看来双方对彼此的情况都还算满意，于是婚介所安排查尔斯和玛丽见了面。可是玛丽对查尔斯一点儿感觉都没有，不过最后还是答应嫁给他，因为玛丽觉得他至少很有钱。就这样他们订了婚，并于1839年8月10日正式结为合法夫妻。婚后他们离开巴黎去查尔斯家中居住。

然而当玛丽离开巴黎后，才恍然大悟自己和家人都被骗了。查尔斯所谓的房产竟然是修道院中的废墟。他家的真实情况是家徒四壁，债台高筑。玛丽很恼火，她觉得自己的新家比普通农民还不如，于是她把自己锁在屋中，并给新婚丈夫写信要求解除婚姻换回她的自由，若不答应就以死了断。果然查尔斯拒绝了她的要求，但是承诺房产恢复前不会用婚姻来干涉玛丽的自由。谁知玛丽坚持认为最好的解决方式是彼此承诺将所有财产留给对方。起初查尔斯同意了，可是随后又变卦将财产留给了他母亲。

可是没想到的是，当查尔斯在巴黎努力筹集资金开始新业务的时候，突然收到玛丽寄来的一份圣诞礼物（蛋糕）和一封情书——这更让他感到意外。不料，吃了蛋糕，查尔斯就病倒了。他认为肯定是蛋糕在运输过程中被污染了，所以就没在意，也没去看医生。可是回到家中，他依然感到身体不舒服。玛丽就让查尔斯躺在床上休息，由她去为他准备饭菜，没想到疾病再次爆发。而家庭医生的判断是，查尔斯似乎得了霍乱。

查尔斯的病情一直不见好转，一直处于痉挛、脱水和恶心的状态中。家人看到他病成这副模样，决定请人对他进行二十四小时监护。家里给他请来了两个照顾他的人：一个是表妹艾玛·蓬捷，另一个是朋友安娜·布朗。一直以来玛丽都给他服用各种药物，其中也包括水溶性阿拉伯胶（玛丽死活都这么说）。尽管如此悉心地照料他，查尔斯的病情依然持续恶化。所以医生只好建议他每天饮用蛋酒（用鸡蛋、牛奶和朗姆酒调制而成的饮品——译注）来维持生命。就这样突然有一天，安娜·布朗发现玛丽从一个孔雀石的盒子里取出了一些白色粉末，并将其搅拌在了蛋酒里。当她问玛丽那是什么的时候，玛丽告诉她那是"香橙花糖"，加些糖酒会甜一些、好喝一些。可是玛丽的回答没能糊弄住安娜，因为安娜分明看到粉末漂浮在酒的表面上，因此她收集了一些玛丽为查尔斯准备的食物样品作为证据。

经历两周的极端痛苦和折磨后，查尔斯离开了人世。然而玛丽对丈夫的离世却无动于衷，没有丝毫悲痛，冷静得让人生疑。两天后，从布里夫来了一位名叫莫兰的治安官员。他立刻取来了安娜收集的汤和蛋酒。莫兰听说巴黎的病理学家研究出了一种检测砷是否存在的新方法。事实上他听说的就是马什的检测方法。他询问给查尔斯做治疗的医生们是否听说过这种测试方法。为了不让自己看起来愚昧无知，他们竟然说自己知道这种方法——而事实上他们根本就没有听过这个方法，更不用说用这种方法进行测试了。

医生们在下葬前对查尔斯的尸体进行了解剖处理，可是他们只取出了他的胃部。他们的测试方法陈旧且不可靠，当他们用加热样品的方法来确定是否有砷存在时，试管中产生了一种强烈的刺激性气体，同时还产生了一种黄色的沉淀，但是还没等到测试完毕，试管就爆炸了。即便如此，他们最终的结论是查尔斯·拉法基体内含有高浓度的砷。

莫兰询问安娜·布郎的时候，她承认隐藏了玛丽·拉法基的孔雀石小盒子，并将其交给了莫兰。莫兰拿到盒子立即将其送到莱斯皮纳斯博士处进行检测。检测后发现孔雀石盒子里的物质的确是砷。莫兰还听说之前查尔斯是因为吃了蛋糕才生病的，原来玛丽的确在当地药店买过砷，说是家里老鼠太多，灭鼠用的。此案的脉络逐步清晰了，莫兰觉得也是时候采取行动了——他逮捕了玛丽并指控其犯有谋杀罪。

1840年9月3日玛丽在蒂勒接受庭审。玛丽的辩护律师是一位名叫查尔斯·拉绍的年轻人，此外在一旁帮忙的还有另外几个年轻律师。其中有位叫做麦特拉·帕耶的年轻律师认识一位名叫马蒂·厄菲拉的毒理学家（当时他正忙于其他事务）。对玛丽最不利的证据就是医生们通过实验得出尸体内含砷的结论。帕耶写信向厄菲拉解释这一结论是怎么得来的，厄菲拉听后愤而质疑：怎么能用这么过时的方法来测试呢！于是他给法院送去了一份证实书，书中陈述了这种测试方法的荒唐性，并郑重声明此项测试不能说明任何问题。医生在报告中说：他们认为测试中发现的黄色沉淀便是砷。然而厄菲拉辩驳说医生们的测试方法有误，很多其他物质也会产生黄色的沉淀，因此测试结论并不能作为确凿的证据。当法院宣读了厄菲拉的声明后，来自之前医生们的证据便不攻自破了。然而出乎意料的是，原告坚持对死者的胃进行马什测试，就像厄菲拉建议的那样。

三位来自里摩日的化学家，尽管经验有限，但打算尝试着进行测试。然而，测试结果是他们没有在死者的胃部样品中发现砷的痕迹。对于原告来讲，这绝对不是一个令人满意的结果——因为他们清醒地认识到，如此一来，更多有利证据开始向被告倾斜，也就是说这一证据对原告很不利。他们想到了最后一根救命稻草：要求对安娜·布朗藏匿的物质再进行测试。检测结果对玛丽很不利，他们在那物质中发现了大量的砷。可是结果怎么是这样的呢？的确令人费解——食物中有毒物，为何体内却没有毒物呢？于是，法院决定邀请厄菲拉亲自参与此案的调查。

一周后，厄菲拉赶到了，他亲自对拉法基的胃做了马什测试，并坚持要求三位化学家在一旁仔细观察。第二天下午，厄菲拉找到了答案。先前三位化学家在测试中有操作不当之处。正确操作测试后，发现查尔斯·拉法基的体内的确含有砷，尽管含量甚微。

被告试图诋毁这一最新测试结果，但最终无济于事。1840年9月19日，玛丽·拉法基被判处谋杀罪，终身监禁。她被转送到蒙皮利埃服刑。后来国王路易-菲利普将其刑改成劳改（但不是无期徒刑）。1841年，还在狱中服刑的玛丽写了自己的回忆录，并于同年年底出版。在回忆录中，自始至终她都不承认自己有罪。1852年，她在狱中患了肺结核，拿破仑三世最终以慈悲之心释放了她。同年11月7日，玛丽因病去世，至死都声称自己是清白的。

## 第六章 毒 物

此案凸显出病理学测试中准确性的重要作用。如果不是厄菲拉亲自参与测试,那么先前不精确的测试结果很可能给我们一个完全不同的审判结果。由于此案,国王路易-菲利普颁布法令禁止药剂师向不熟识的人售卖砷毒以及其他任何毒物。凡购买有毒物质者,必须在"毒物登记册"上进行签字登记。很快其他欧洲各国也纷纷出台了类似的措施。

尽管砷可谓是毒中最毒,然而它也绝不是人们唯一使用的有毒物质。事实上,在19世纪早期,新的有毒物质以惊人的速度激增:比如1818年出现的马钱子碱,1831年出现的氯仿。几年后,也就是1847年,马蒂·厄菲拉坦言,他认为存在于体内的蔬菜毒物很可能无法进行检测。因为蔬菜毒物一般都是生物碱类的,例如吗啡、马钱子碱、尼古丁等等。这些物质是在体内的神经系统中起作用的,因此不会在体内留下任何痕迹,当然主要原因是19世纪早期科学家们还没有掌握检测的方法。不过幸运的是,这点在法医学上得以突破,这也是厄菲拉没有预见到的。就在几年后,一位名叫琼·塞尔瓦伊斯·斯塔斯(1813—1891)的比利时化学家在布鲁塞尔皇家军事学院工作时找到了一种解决办法。

尽管古斯塔夫·富尼没有任何头衔,但是却很富有,因为刚刚从父亲(其父曾是当地的蔬菜水果商)那里继承了巨额财富。1850年11月20日,他瘫躺在比利时(其妹就在此居住)比特雷蒙特城堡餐厅的地板上,被人发现时已经身亡。事实上,此事本身不足以为奇:因为古斯塔夫自出生以来身体就比较羸弱,加之其右腿做过截肢手术——这使得他本就不太好的身体状况更是雪上加霜。但让人奇怪的是妹妹听到哥哥去世的消息没有半点悲痛——似乎还有些高兴。当我们稍微深入了解一下他们的家庭情况后,很快就明白其中的原因了。妹妹莉迪事实上是伯爵夫人,妹夫伊波利特·德·柏卡梅伯爵是比利时贵族维萨特·德·柏卡梅家族的后裔,尽管有这样的头衔,但是柏卡梅的经济状况却始终困窘不堪。他每年的收入大约2000法郎,但生活却极度奢华,为了维持这样的生活方式,他可谓负债累累。据此推断1840年他和莉迪的结合至少有一部分原因是看上了她家的钱财。可事实上,莉迪自己并没有多少钱,除非有一天哥哥去世了,她才能继承家族的巨额遗产(因为哥哥未婚,没有子嗣,所以她才有了继承权)。莉迪看到哥哥羸弱的身体状况,似乎这一时刻的出现就在很近的将来。

就在这时,古斯塔夫竟然订婚了,这对于莉迪来讲无疑是一枚炸弹。因为若是这样的话,对于柏卡梅来讲就是毁灭性的灾难,他就永远无法还清那些债务——由于他所欠债务数额巨大,他所有财产已经被抵押了。古斯塔夫订婚的消息等同于剥夺了他和莉迪从古斯塔夫那里继承财产的权利,他们顿时觉得深受重创。

然而夫妇两人却故作欣喜之态,邀请古斯塔夫来比特雷蒙特城堡餐厅共进午餐。奇怪的是这一次他们的四个孩子却被安排在另一间屋子里进餐,而且由莉迪亲自端茶倒水,不要忘了莉迪可是伯爵夫人啊!之后不久,古斯塔夫便瘫躺在餐厅里毙命了。莉迪告诉仆人说她哥哥得了中风,给他胃里灌点食醋或许可以帮他苏醒过来。仆人照做后,并没有起到任何作用。莉迪

## 第六章 毒 物

见状，便吩咐仆人裸露她哥哥的身体，并用醋擦拭全身，之后抬入女佣房间。最后她安排仆人蒸煮了哥哥的衣服，并擦洗了餐厅的地面。

当地方官员 M.修艾伯特来到事发现场进行调查时，他安排工作人员对古斯塔夫的尸体进行检查。尸检后发现他的脸颊上有水泡，嘴巴和喉咙处有烧伤的痕迹。由此看来死因绝非中风，似乎应该是喝进去的腐蚀性物质。在这种情况下，柏卡梅和莉迪是最大的犯罪嫌疑人，于是二人被捕。另外修艾伯特从古斯塔夫胃中取出一些样品送到了全国最知名的化学家琼·塞尔瓦伊斯·斯塔斯处。

当斯塔斯开始检测与分析时，他惊讶地发现样品中散发出一股食醋味。当被告知为使古斯塔夫苏醒过来为其灌过食醋时，他眉头紧锁，这一逻辑理论上行不通呀。很快斯塔斯就明白了，事实上食醋的作用在于掩盖真正导致死因的气味。于是他觉得有必要对古斯塔夫胃中物质进行严格和细致的检查。正如我们所料想的，测试是为了确定组织中是否有诸如砷这样的毒物存在，然而不幸的是组织本身已经被破坏了。当他用相同的方法确定是否有非金属类毒物存在时，却发现毒物本身也被破坏了。他意识到必须更加小心谨慎地进行测试了。

斯塔斯对胃内物质进行反复清洗和过滤。他感觉到胃内的物质很可能会溶于水或者酒精，但绝不可能同时溶于这两种物质。于是，他先将胃内物质的一份样品置于酒精中，这样他就能对胃内所含物质进行分离和净化了。然后他就将净化后的物质混合在醚溶液中，因为醚可以溶解任何一种毒物。醚比水轻，所以醚会位于水的上层，然后他将醚从水中分离出来，并加热使其蒸发。最后得到的是一种烟草味的油状液体。斯塔斯怀疑这是尼古丁！即使很少量的尼古丁毒药也能致人死亡。他小心谨慎地尝取了微量的这种物质，不但味道恶臭，而且烧伤了他的唇、嘴和舌。于是他断定这种物质就是尼古丁。这时候他才明白古斯塔夫是如何被杀的。当他将胃内所有的尼古丁提取出来后，发现古斯塔夫胃内的毒物足以杀死十个人。

尽管莉迪和柏卡梅聪明过人，然而法网恢恢、疏而不漏，他们最终被送上了法庭。他们犯罪的证据也可想而知：柏卡梅一向对科学和农学感兴趣，他必定知道足量的尼古丁是种致命的毒药，同时他一定认为蔬菜毒物是不会被检测出来的。原告称当柏卡梅听到古斯塔夫即将成婚的消息，便私自从烟叶中提取了用于毒害他的尼古丁。当古斯塔夫和夫妇二人共进午餐的时候，必定是柏卡梅和莉迪故意将其推到地上，故意将尼古丁灌入他的喉咙——由于尼古丁难闻的气味，他们夫妇是不可能将其放入饭菜中的，放在饭菜中古斯塔夫也不可能毫无察觉。很快他就失去了意识，只能任夫妇二人继续给他灌入更多的毒药。之后他们又灌入了大量的食醋，用于掩盖古斯塔夫的真正死因。然而尼古丁灼烧的痕迹还是让我们怀疑到了这对夫妇。

然而被告讲述的完全是另一个故事。柏卡梅承认自己确实通过蒸馏提取过尼古丁，但只是出于兴趣爱好，并没有什么邪恶阴谋。他解释说，古斯塔夫胃中发现的尼古丁，一定是妻子不小心误将尼古丁倒入了他的酒杯中。也就是说，他的死纯属意外。莉迪的说法又有变化，她声称是柏卡梅策划并强迫自己帮忙一起害死了哥哥。

正如意料之中的那样，法院并没有接受柏卡梅对此事的解释，仍然判其有罪。柏卡梅于1851年7月19日被送上断头台执行了死刑。而莉迪被判无罪，尽管对于她的说法也有很多不利证据（据仆人们讲，古斯塔夫去世后不久，莉迪解雇了所有的仆人）。直到今天我们判断是否存在蔬菜毒物的检测方法依然是斯塔斯的方法——他的独创性对世界产生的影响是永久持续的。

维多利亚时代被认为是投毒中毒的全盛时期，在此期间自然会有很多臭名昭著的案例发生。这在很大程度上源于很多毒药在普通的商店中就可以购买得到。比如，砷毒很容易从粘蝇纸或者老鼠药中提取出来。事实上，为了控制投毒这种日益普遍的谋杀方式，1851年当局就专门出台了《禁砷法案》。另外人寿保险的兴起和普及引发了一个崭新的且更为严重的谋杀动机。奇怪的是，人们明明知道砷有毒，还故意服用少量的砷，将其作为提神饮料或者补药——甚至人们还认为砷有壮阳补肾之功效。

以上情况使得1889年的弗洛伦斯和詹姆斯·梅布里克案变得极其复杂。弗洛伦斯·梅布里克（其父姓钱德勒）出生于阿拉巴马州莫比尔的富贵之家——父亲是银行的合伙人，曾经当过市长。在一次和母亲同往英国的船上，她结识一位富有的棉花商人，詹姆斯·梅布里克。当时她才19岁，42岁的梅布里克整整年长她23岁。尽管年龄如此悬殊，但有情人终成眷属，他们于1881年结婚，之后离开伦敦定居利物浦。

一切似乎进行得都很顺利，婚后的生活似乎也很美满，这对夫妇很快成为利物浦社交圈中的知名人物，从外人的角度看，他们的婚姻幸福得令人羡慕。然而事实并非如此，他们的家庭生活远没有我们想象的那样美满，事实上多年来一直处于水深火热之中。梅布里克成天在外面拈花惹草，养了好几个情人，其中一个还给他生了五个孩子。或许是因为丈夫的不忠行为吧，弗洛伦斯在外面也有好几段婚外情。其中一个情人是当地的商人，名叫阿尔弗雷德·布赖尔利。当此事传到梅布里克耳朵里时，他暴跳如雷，还恬不知耻地向外界宣布要和弗洛伦斯离婚。

然而，不料1889年4月27日，梅布里克突然病倒了。医生诊断的结果是他得了急性消化不良，尽管吃药并被悉心呵护，他的病情却持续恶化，于1889年5月11日在家中去世。在他生病期间，也就是5月8日，弗洛伦斯给布赖尔利写了一封信，不想却被家中的保姆爱丽丝·亚普发现了，并送到了梅布里克的弟弟埃德温处。信的内容是要求和布赖尔利妥协，其中也公开表明了弗洛伦斯和布赖尔利的关系。于是埃德温及其哥哥迈克尔认为一定是弗洛伦斯害死了詹姆斯，这样她就能和布赖尔利一起得到詹姆斯的钱财了。

尸检结果发现詹姆斯·梅布里克体内确实含有少量的砷，但根本不足以致命。同时据说梅布里克经常服用砷作为补药，已经有好几年时间了，这一点当地的一个化学家可以作证。后来又在他家里发现了大量的砷，足以杀死50个人。因此，这样看起来我们有理由相信梅布里克体内的砷是他自己主动

## 第六章 毒 物

服用的。

但是梅布里克家族却坚持认为他的死肯定和弗洛伦斯脱不了干系。随后的一番调查后,弗洛伦斯被控谋杀罪,并被送到利物浦的圣乔治大厅接受庭审。对弗洛伦斯最不利的证据是发现她于4月初买了些粘蝇纸,并将其浸泡在盛水的碗中,目的很显然是为了提取砷。她解释说自己提取砷是用于美容,虽然她也知道通常情况下砷是一种致命的毒药。尽管她抗议说自己是清白的,而且事实上梅布里克体内的砷的剂量也不足以致人死亡,但是弗洛伦斯还是被判有罪并处以死刑。梅布里克向外公布要和弗洛伦斯离婚,这在维多利亚时代对于女性来讲可谓奇耻大辱,陪审团很可能是考虑到了这一点。另外那封信也证明了她对梅布里克的不忠,于是陪审团便认为这样的"淫妇"谋害亲夫是极有可能的。

然而这样的判决结果是存在争议的,因此此案成了一起轰动大西洋两岸的著名疑案。直到1894年新的证据才浮出水面——弗洛伦斯的圣经里夹着一个洁面乳的处方,里面包含砷。如果是这样的话,就有些奇怪了:她既然能够很容易得到砷,那她为什么还要费劲从粘蝇纸中提取砷呢?就这样她的刑期被减为无期徒刑,而且她也没有再次上诉的可能性了。最终弗洛伦斯于1904年1月被释放回了美国,她依然声称自己是无辜的,并写了一本名为《失去的十五年》的书。1941年10月23日她因贫困死于美国家中。无论真相究竟如何,此案给我们的启示是:法医鉴定也未必能非常准确地揭示每一个真相。可能我们永远也不会知道在梅布里克体内发现的砷是弗洛伦斯给他服用的还是他自己服用的。尽管我们确实知道他体内所含的砷根本不会致其死亡,这引发我们想到了另外一个很重要的事实:当法医学证据与人们对案件本身的看法出现不一致的时候,往往会被人们选择性忽略。

梅布里克长期服用非致命剂量的砷说明:决定某一物质致命与否的关键因素是其使用的剂量。甚至一些人出于某种罪恶意图给其他人服用一定剂量的致命物质,用意也不一定是谋害人性命。有时候犯罪分子很可能是用小剂量的有毒物质致人昏迷或受伤,然后实施强奸、抢劫或者是绑架。通常情况下,医生在开处方药的时候都非常谨慎小心,会将健康状况、体重、过敏情况等考虑进去,然而犯罪分子却没有这样的专业知识。下面几个案例向我们展示的便是用药不专业导致的比设想中更可怕的悲剧性后果。

案件发生在1889年2月的曼彻斯特,一辆出租马车上载着一老一少两个男人。其中一个年轻人要求车夫带他们去丁斯盖特街的一家酒吧,到那里后那个年轻人又要求车夫稍等片刻,说他们去去就来。果然,不一会儿他们都从酒吧里出来了,并示意让车夫带他们去斯特雷特福德大道。行驶在途中时,一个路人突然开始冲着车夫喊叫,试图引起他的注意。于是,车夫让马车停了下来,看看此人有何贵干。此人解释说,他刚刚看到一个男子跳下他的马车,消失在附近的小巷子里了。车夫下了车,两人一起寻找那个跳车的男子,但已经踪影全无。由此我们可以大胆推断这很可能是一起"逃逸"事件——快到达目的地时乘客为免付车钱跳车不辞而别。这很让人恼火,可

## 第六章 毒物

因此浪费时间又实在是不划算。

车夫想起他的马车上还有另外一位乘客，朝里一看，这位老者还在座位上，但显然是睡着了。车夫试图唤醒他，可他却将车夫推开，连眼睛都没睁开一下，坚持独自一人坐着，似乎很不舒服的样子。于是车夫叫来了警察，一名警官来到现场看了看老者，接着便命令车夫驾车直接去医院，而没有去警察局。不幸的是，到医院时老者已经死亡了。

医生对老者进行检查时，只闻到了酒精的味道，并没有在其身体上发现任何伤疤，于是得出结论：他因心脏病突发而亡。这位警官例行公事，简要地记录了从马车上逃跑的年轻人的外形特征：身高5英尺3英寸，面庞清爽干净，身着棕色西服，头戴一顶毡帽——除此以外无其他描述了。

然而，验尸的结果是老者并非死于心脏病——法医在检测了包括吗啡和马钱子碱在内的毒物后，发现事实上这位老者死于水合氯醛中毒。这下警方开始介入此案了，负责调查此案的是探员杰罗姆·卡米纳达。卡米纳达是土生土长的曼彻斯特人，他比大多数人都更清楚这里的每一条街道和每一个犯罪分子。很快他就发现了一些蛛丝马迹。首先，他推断老者的口袋肯定是空的，他很可能是被盗了。似乎另一种可能性更大，那就是斯特雷特福德大道只是用来掩人耳目的，目的在于让马车车夫离开酒吧，给罪犯留下逃跑的时间。据说受害者名叫约翰·弗莱彻，是当地的知名商人、县议员和治安官员。卡米纳达思考着，为什么一个拥有如此地位的人会和一个明显不属于同一社会层级且没有任何理由可以去信任的人同坐一辆马车呢？

卡米纳达发现弗莱彻在遇难那天离开家前往纳茨福德，准备在那里待上几日。当天中午他在城里吃过了饭，并安排好了晚上七点钟和一位老朋友见面共进晚餐。如果是这样的话，此事就让人难以捉摸了，他似乎不但忽视了他原本的计划，而且随杀害自己的凶手去了酒吧。

卡米纳达化装成卧底，在大街小巷和低档酒馆中进行搜查，希望能够找到一些有助于查获凶手的蛛丝马迹。他很幸运——他碰到了一位出租车司机，他正巧记得一个长相相似的年轻人。司机带着年轻人去了一个酒吧，那里出没的一些人是拳击手或者赌徒，其余的都是来玩拳击格斗游戏的。很快卡米纳达就发现了其中的关联性：水合氯醛通常被用作医用麻醉剂，但在拳击淘汰赛中偶尔也被用做强劲剂来帮助选手一决雌雄。

卡米纳达突然想到了一个名叫杰克·帕顿的犯罪分子——此案的情况非常符合他的惯用手法。帕顿原本是一位酒店老板，后来因为故意给顾客用药使其失去意识并伙同朋友对其实施抢劫而被吊销了营业执照。此后，他开始进入拳击赛市场，几乎全城的比赛他都在场。然而唯一不匹配的是杰克·帕顿的年龄，他似乎比描述中的犯罪分子年长很多。不过他还有个18岁的儿子，名叫查理，此案或许是他所为。卡米纳达设法找到了他，并以谋杀、抢劫和投毒的罪名将其逮捕。查理声称自己有不在场的证据，但是通过卡米纳达的调查，他从当地一家药店得知一个被描述成查理模样的年轻人最近来店里偷走了一瓶水合氯醛。

## 第六章 毒物

于是查理被指控谋杀了弗莱彻并在利物浦乔治大厅接受庭审。尽管查理声称自己是被误抓的，但是有很多目击者——包括出租车司机和药店老板都可以证明他与此案有关。其中一位备受人尊敬的目击者也前来证明他看见查理向啤酒杯中倒入了一小瓶液体。于是法院判其有罪并处以死刑，因其年少，故将死刑改为无期徒刑。毫无疑问，弗莱彻的死的确是个悲剧。尽管查理是在说谎，然而似乎很明显他的意图只是用药使其失去意识后对其进行抢劫，并没有谋杀之意。可悲的是，他从父亲那里学来的手段风险性很大，比如此案就让他吃了大亏。

另外一个案件发生在1954年的英国，犯罪分子低估了他们所用毒物的致命性。此案向我们展示了另一种造成严重后果的毒物：斑蝥素。44岁的药物化学家阿瑟·肯德里克·福特同时迷恋上了他的两位女同事：27岁的贝迪·格兰特和17岁的朱恩·麦林斯。为了得到两位女孩的芳心，他决定让她们服用一种很有名气的能够增强性欲的药，叫欧芫菁。这是一种用特定甲虫的尸体碾磨成的粉状物配制而成的药物。其中的活性物质叫斑蝥素，是由甲虫自然分泌的。福特发现他的雇主一直在向市场供应斑蝥素，所以他能很容易顺走一些。他在椰子冰水中加入少量的斑蝥素，让女孩们饮用，当然自己也饮用了一部分。

如果他认为三人都能抵挡得住因欲望产生的痛苦的话，那他恐怕也彻底失望了。尽管服用的量相对很少，但是斑蝥素是一种强大的起泡剂，事实上它是皮肤病学上用于烫除寻常疣的药物。短短数小时后，福特和两个女孩都得了重病，被紧急送至医院进行治疗。贝迪·格兰特和朱恩·麦林斯因内脏大面积烧伤不久便死了。而福特自己却幸存了下来,但也只是暂时的,因为前面等着他的是恢恢法网。法医验尸后在两位女士的尸体内发现了斑蝥素,警方迅速找到了福特,他对自己的所作所为供认不讳。同年年底,他被老贝利(伦敦中央刑事法院的俗称)判为过失杀人罪,判处有期徒刑五年——想想他无耻的幻想和欲望,以及因此被残害的两条无辜性命,真是轻判他了。

斑蝥,通常也被称为"水泡甲虫",能够分泌斑蝥素。

现代最臭名昭著的投毒者之一格雷厄姆·弗雷德里克·扬,对于自己的所作所为极其自恋。扬生于1947年9月7日。他从小就痴迷于研究各种毒药,14岁时就开始毒害自己的家人,研究不同剂量会产生什么不一样的后果。他通过谎报年龄从当地的药店里成功地买到了锑——一种有剧毒的金属,摄入体内后会引起头痛、恶心、头晕和抑郁等状态——和洋地黄(也就是毛

## 第六章 毒 物

地黄），其主要功效是用于心脏病治疗，但是用量过大又会对心脏产生不良的后果，同时还可能造成呼吸不畅和呕吐等现象，他的理由是用于进行学校的科学实验。

1962年年初，扬的继母病倒了。她的病情日益恶化，于同年4月突然离世。扬的姑姑温妮对此产生了怀疑；她是看着扬长大的，知道扬从小喜欢研究化学，尤其是毒药。当扬的父亲——弗雷德里克·扬开始觉得胃一阵阵地痉挛和呕吐不止时，家人立即将其送往医院接受检查，结果发现他系锑中毒。扬的化学老师也在扬学校的书桌抽屉里发现了大量的毒药，于是立刻报了警。扬于1962年5月23日被捕。几经盘问，他最终承认自己确有谋杀父亲、妹妹和校友的想法。然而由于他继母的遗体已经被火化，因此无从考证她的死因。

随后警方对扬进行了精神评估，发现其患有精神障碍。根据《精神卫生法案》的相关规定，警方对其作出拘留（拘留在布罗德莫精神病院）15年的决定。然而，只过了9年，他就被认定完全恢复正常，也不再会危害公众，于是便被释放了。

在医院期间，尽管他被认为是个典型的投毒者，但是他还在不停地研读着医学书籍，不断扩展自己的毒药相关知识。而且他的投毒试验一直在进行着，在这里他的试验对象是病人和医院的工作人员，其中一位名叫约翰·贝里奇的病人就因此丧命。当时大家并没有发觉什么。后来发现扬竟然能够从医院的月桂树中提取氯化物，这时人们才推断定是扬所为，因为只有他具有这样的专业知识。

1971年扬离开了布罗德莫精神病院，并在赫特福郡波文登的约翰·劳拉实验室找了一份工作，那里离其姐姐家所在的亨默·亨普斯特德镇不远。尽管他的雇主也听说扬是刚刚从精神病院"康复"的病人，但却不知道他曾经是被定过罪的投毒者。扬所在的公司是专门生产军事用途的溴碘化铊红外镜头的，这对于他来讲再好不过了，因为铊和铅、汞一样都属于重金属，都有剧毒。但公司事实上并没有铊金属的库存。不过他还是想方设法弄到了锑和铊，这次是他从伦敦一个药剂师那里骗来的。不久，一位名叫鲍勃·埃格勒的男子，也是扬的工头，大病了一场，之后便死了。扬专门负责沏茶之后，其他工人也跟着患病，症状是严重的恶心，一些工人甚至需要住院治疗。工人病情爆发得如此普遍，起初人们以为是感染了某种病菌，还为其取了名字叫"波文登病菌"。

在接下来的几个月内，扬成功毒害了大约七十人，主要用的毒物是从药剂师那里得到的铊金属。尽管很幸运，没有造成更多人的性命之忧，但确实有很多人病情危急。在此期间，大约三十位医生被请来进行调查，可是竟无一人发现这些人其实是中毒了。或许这是因为铊中毒的症状很容易被误认为是常见的类似于流感这样的病毒。另外，在常人眼中似乎中毒事件不可能如此肆无忌惮，也不可能波及如此广泛。再加上铊盐无臭无色、几乎无味且极易溶于水的特性，使之成为一种几乎完美的毒药。其实，铊盐几乎不做毒药使用，扬事实上是第一个利用其毒性的人。

后来，又出了个倒霉蛋。扬的同事弗雷德·比格斯突发重病，被送往伦敦国立医院神经科进行治疗，比格斯受病痛折磨

## 第六章 毒物

几周后便离开了人世。公司一位医生注意到扬对比格斯的死有着浓厚的兴趣，甚至到了令人怀疑的程度，于是医生告知并请求警方介入此事的调查之中。就这样，扬的投毒意图立即被曝了光。他于1971年11月21日被捕于肯特希尔内斯。调查后，警方在他的口袋中发现了铊，又在他的家中发现了锑、铊和乌头。另外警方还发现了扬的笔记本，其中记录了被他用了药的人员的名单，用药后对他们产生的影响，以及他想让他们生还是死的意愿，似乎他是能够决定人类生杀予夺大权的上帝。

扬于1972年6月19日被正式送到圣奥尔本斯刑事法庭接受庭审，审判持续了十天，其间他一直声称自己是无罪的，于是媒体都戏称他是"茶杯毒药杀手"。同时，他还坚持说警方发现的那个日记本里的文字不过是他打算写的一部犯罪小说的内容。然而纵使他铁齿铜牙，也逃不过铁证如山。很自然地，警方想到了通过检查死者的尸体来寻找死因，这也是刑事调查中一个非常重要的方法。警方原本打算对鲍勃·埃格勒和弗雷德·比格斯的尸体都进行检查的，然而根据实际情况只能在比格斯尸体上得到实施，因为埃格勒的尸体已经被火化，检查是不可能了，不过警方还是找到了盛装其骨灰的容器。对骨灰进行研究和分析后，发现其中含有9毫克铊——这可是相当大的剂量。尽管扬选择铊作为毒药有明显的优势，但是他忽略了铊的一个缺陷：那就是铊不会像有机毒物那样火化后即被破坏，它只会毫发无损地等待被发现。这也成为英国法律史上第一个从骨灰中获取证据的案例。与此同时，对比格斯的尸体进行检查的结果也发现了铊的痕迹。这些证据有力地证明了扬的罪行，于是他被法院判处无期徒刑。1990年他于帕克赫斯特监狱中病逝，年仅42岁。

当然，其实毒物也不仅仅是犯罪分子的专利，长期以来政府也把它作为一种惩罚内部公民和消除异己的简便方法，这种做法甚至一直持续到了今天。当代的两个经典案例，乔治·马可夫案和亚历山大·利特维年科案，通常都被归为此类案件；据称他们均因执行秘密任务而被谋杀。

乔治·马可夫是保加利亚著名作家。他的故事集《我的双重画像》（1966年发表）和《华沙女人》（1968年发表）令他成为保加利亚最有前途的年轻作家。

1969年马可夫离开保加利亚前往意大利，即其哥哥定居的地方。没过多久，他决定还是应该留在西方，于是他搬到了伦敦。在那里他找到了一份电台记者的工作，他为以下三个电台工作：英国广播公司国际广播电台保加利亚分台、美国支持的自由欧洲电台以及德国广播电台"德国之声"。在保加利亚，他曾享有特殊的社会地位——作为才华横溢的青年作家，他曾入选保加利亚的特殊知识分子行列，并在1964年和1968年之间多次与保加利亚总统托多尔·日夫科夫会面。这也就意味着他能够获取一些日夫科夫认为很机密的信息；同时他对日夫科夫暗含嘲讽的评价也不能被保加利亚当局所接受。1972年，马可夫的作品被强行撤出了保加利亚的所有图书馆和书店，他在保加利亚作家联盟的会员资格也被取消了。保加利亚当局认为他潜逃至西方国家，因此他被判处（缺席审判）六年半有期徒刑。

1978年马可夫曾两次险遭性命之忧，幸好最终都化险为

第六章 毒 物

夷。第一次发生在慕尼黑,那时候是春天,他在吃晚饭时饮料中被人投了毒;第二次发生在撒丁岛,那时候是夏天。不幸的是第三次他们成功了,他们的方法真可谓匠心独运。1978年9月7日(这天碰巧是托多尔·日夫科夫的67岁生日),马可夫走在上班的路上,穿过滑铁卢大桥时,突然感到一阵剧痛,仿佛是无数蚊虫在叮咬他的右腿背面。等他回过神来时,他看见一名男子从地上捡起一把伞——似乎是他不小心用伞端刺到了马可夫的腿。他连连道歉,然后迅速穿过马路,跳上了一辆等候着的出租车。

上班的时候,马可夫注意到伞端刺到的地方鼓起了一个红色的肿块。此事他也跟英国广播公司(BBC)的几个同事提起过,但并没有给予足够的重视。可是没想到,晚上的时候他就开始高烧不退,不得不住进医院了。尽管医生尽了最大努力,还是没能阻止病情的迅速恶化,三天后,也就是1978年9月11日,马可夫病逝,享年49岁。

伦敦警察局要求进行尸体检验,结果发现马可夫的死是由蓖麻毒素造成的。蓖麻毒素是一种从蓖麻油中提取的毒蛋白,是已知的最致命的毒素之一——只要一毫克的剂量就能毒杀大约40000人。病理学家发现马可夫的腿上被嵌入了一个针头大小的球形金属颗粒;进一步研究发现金属球由90%的铂和10%的铱组成,球上有一个直径为0.35mm的孔通过。经英国波登当军事实验室专家研究发现这个孔中含有蓖麻毒素,同时还发现孔是由一种特殊设计的涂层密封的。这种特殊物质的熔点为37°C——正好是人体的温度。很明显当马可夫"意外"被伞刺到时,实际上是被注射了这种颗粒。这种颗粒一旦进入他的体内,用于密封的涂层就会逐渐熔化,这样蓖麻毒素就会被释放进入他的身体系统中。就算当时医生知道了这一切也无济于事,因为还没有谁知道蓖麻毒素的解药是什么。

图为蓖麻子,蓖麻毒素就是从中提取出来的。蓖麻毒素的毒性是通过抑制细胞产生蛋白质的能力表现出来的。只需要8颗蓖麻子果肉,其毒性就足以使一个成年人丧命。

尽管保加利亚和俄罗斯均被怀疑参与了此次暗杀,但是英国当局却对他们束手无策。直到今天,杀害马可夫的凶手也没能被绳之以法。

亚历山大·利特维年科案发生的时间距今更近一些,此案

## 第六章 毒物

涉及的也是一种新型的令人极其痛苦的毒药。利特维年科曾在克格勃(即苏联国家安全委员会,他原本是该组织的继任者)和俄罗斯联邦安全局(FSB)工作。1998年11月,他和几位FSB的同事一起公开指责他们的上级领导,原因是一位名叫鲍里斯·别列佐夫斯基的俄罗斯寡头被列入他们的暗杀名单之中。他因此于1999年以越权的罪名被捕,于2000年被释放。利特维年科生怕再次因新罪名被捕,便和家人一起逃离了俄罗斯,最终在英国得到了政治庇护(此前美国拒绝为其提供政治庇护)。在英国他是一位作家和记者,同时也秘密担任军情五处和军情六处的顾问。

利特维年科在伦敦写过好些有争议的书。他在其中一本书中指责FSB策划了一起俄罗斯公寓爆炸事件,死亡人数超过300人,并将其责任推卸给车臣分裂分子。另外他还声称FSB与其他一些恐怖行为有关,并指出这些行为都是在为弗拉基米尔·普京上台而做的准备。

2006年11月1日,利特维年科突感不适被紧急送入医院。他经历了严重的腹泻和呕吐后,身体变得越来越虚弱,接着失去了意识,最终不治,于11月22日死亡,死前医生一直未能查出准确的病因(他们甚至怀疑是铊中毒,但测试结果也排除了这一原因)。直到他死后,医生才确定死因是放射性钋-210中毒。这种毒物是很难被发现的,因为它和大多数放射性同位素有所不同,它不会放射出伽玛射线,只放射出阿尔法粒子,因此很多放射性同位素探测仪无法将其检测出来。警方通过调查发现谋杀利特维年科的头号犯罪嫌疑人是一个名叫安德烈·卢格沃的俄罗斯特工,然而当英国政府请求引渡时却遭到了拒绝。另外卢格沃本人不但不承认自己与利特维年科之死有任何关联,而且还反过来指责英国的安全服务不到位。就这样我们可能永远都不会知道是谁毒害了利特维年科,也永远不会知道是谁在幕后指使他们。据密德萨斯大学环境毒理学家和辐射专家尼克·普里斯特教授称,利特维年科很可能是有史以来第一个死于急性钋-210阿尔法粒子辐射效应的人。随着他的离世,投毒进入了一个全新的时代——核时代。

Chapter 7

# 第七章　DNA

相比于从前的反复审讯，DNA 技术可谓是探求真相、确定罪名和洗脱冤屈过程中最伟大的进步。

——法官约瑟夫·哈利根，美国

我们已经在书中提过 DNA 指纹鉴定及其法医学应用的相关内容了。然而，这无疑是我们这个时代在法医学领域中取得的最伟大的进步，因此值得我们对其做进一步的研究和讨论。下面我就谈谈我亲自参与的几个案例吧：一个是发生在 20 世纪 80 年代臭名昭著的谋杀案；另一个是我参与不太多的历史谜案。

科莱特·亚兰，16岁，聪明伶俐又楚楚动人，家住在诺丁汉郊外一个名叫基沃思的小村子里。也许是因为她出生在充满爱意的和谐家庭里，接受着良好的教育，所以在同龄人中很受欢迎。毕业后，她成为了一位实习美发师，她很喜欢她所从事的工作，梦想着有朝一日能成为一名优秀的美发师。然而不是所有的梦想都能成真。1983年10月30日（我永远不会忘记那一天，因为那天碰巧是我的生日）晚上8点后不久，她出了家门，途经基沃思的诺曼顿公路，打算去距她家只有一英里之遥的男朋友拉塞尔·戈弗雷的家里。通常拉塞尔会开车来接科莱特，然后命运之手总是喜欢捉弄人，恰巧那天他没去接她。人们最后一次见到科莱特是晚上8点之后她在马嘶山和普拉特公路的交会处和朋友们聊天。她边聊边朝着威洛·布鲁克街道的方向走去。一位目击者称开车路过那里的时候听到了一阵尖叫声，接着便是车辆冲出车道的声音。他望了望车窗外的街道，但没有发现什么异常，因为他常在附近听到孩子们的大呼小叫，所以就没把这尖叫当回事儿，也没有向相关部门报告此事。

直到晚上十点半科莱特还没有到达戈弗雷的家中，这时家人开始担忧了，最终报了警。那时候已经是十月份了，天寒地冻，几个小时的搜索毫无结果，警方只好作罢，等第二天再进行。事实上，第二天继续搜索也完全没有必要；因为第二天早上一名男子沿着瑟尔比公路——离科莱特家只有不到两英里——行驶，他突然发现路边上有些异样。他有些担心，于是决定停车去看个究竟。没想到他发现的竟然是科莱特的裸尸。她是先被殴打，再被性侵，最后被勒死的。看样子已经断气好几个

## 第七章　DNA

小时了。

警方立刻对凶手展开了调查，负责调查此案的是鲍勃·戴维探长。事故调查室被设置在基沃思和诺曼顿运动场，离人们最后一次看到科莱特的马嘶山很近。数百名警察，包括我在内，开始着手进行细致而广泛的调查。结果一调查此案（这也是常见的事），发现了之前很多未结案子——其中一些还是要案——的蛛丝马迹，于是警方逮捕了很多嫌疑犯，但是都和科莱特一案没有半点关联。

警方得知谋杀案案发当天早上，这个地区另外一个名叫福尔摩斯·皮尔庞德的小村子的车库中丢失了一辆红色的福特嘉年华。随后警方发现此车被遗弃在基沃思，而钥匙却被隐藏在灌木丛中。科莱特的尸体被发现的时候，脚上没有沾一点儿泥土，旁边还有驶向远处的车辙。这说明对她的一切迫害行为很可能都发生在车上，因此对于调查小组来讲汽车似乎是一个很重要的发现。另外还需要进行法医鉴定，确定科莱特体内的血型和精液。

两个女孩也给警方提供了线索，她们各自都说科莱特失踪的那天晚上她们曾被一个开着红色福特嘉年华车的男子跟踪过。其中一个女孩吓坏了，于是飞奔到了一个朋友的家中；另外一个女孩，才刚刚十四岁，那个男子也接近她了，但是看到这个女孩身边有一条很大的狗，于是他想了想，便开车离开了。两个女孩对于犯罪嫌疑人的描述十分相近：白人男子，身高约5英尺10英寸，黑色卷发。这些信息使得调查有了明显的进展。当然最有用的信息来自于康斯托克村林肯酒吧的女老板：案发当晚大约9点钟一名男子曾在酒吧里出现过,这名男子点了一杯橙汁,手上竟然有血点。女老板提示了一句,他赶紧去卫生间将其洗干净了。幸运的是,警官通过对卫生间进行搜查,正好发现了一团沾满血迹的纸巾,他们认为或许这就是证据,后来发现这团纸巾果然意义重大。

1984年6月7日,此案成为有史以来第一个出现在BBC《直击现场》(这个节目是对真实犯罪案件的展示,直到现在这个节目依然在持续播放)中的案例,这让负责调查此案的高级官员无比兴奋。这个节目接到了400多个与此案相关的电话,于是谋杀案调查小组从名单中排除了1500多个犯罪嫌疑人。然而,尽管这些信息似乎对本案都有所帮助,然而抓获凶手一事却没有得到实质性的进展。

1983年11月17日,此案调查室收到一封信,信中扬言此案很多事情只有凶手本人知道,对警方更是百般冷嘲热讽,最后还断言警方永远都不会抓住他的。警方对此信做了细致的观察,发现信封上有指纹。警方原本以为可以拨开乌云见太阳了,可是没想到数据库里竟然没有与此相匹配的指纹,于是逮捕凶手的线索又就此断了线。

尽管此案的调查出动了很多人力,也耗费了不少时日,但是罪魁祸首依然逍遥法外。这让调查小组人员情绪低落,并有一种强烈的挫败感。科莱特·亚兰谋杀案专案小组也一样,他们因为没有将凶手绳之以法而感到万分懊恼和沮丧。就这样,调查慢慢地就停止了——留下的只是一些从前跟踪过的信息的文档和资料,总而言之就是破获此案已经基本没什么指望了。就这样寒来暑往，此案于2004年再次出现在《直击现场》二十周年庆的节目中，并再次引起了广大听众的关注和频频的电话来访，然而却并没有发现什么新的线索。科莱特在我脑海中的印象以及我的挫败感一直在我的记忆中徘徊到了第二十五年，我也一直很自责，认为作为一名高级调查人员没能让此案水落石出是绝对不应该的。就这样此案成了未解之谜。

但是科学在这些年并没有停止前进的脚步，科莱特死后的第二十五年，法医鉴定的技术已经远远超过了警察们的想象。DNA鉴定亮相始于来自莱斯特大学的亚历克·杰弗里斯以及彼得·吉尔和戴夫·维尔特在英国法医科学中心对DNA基因图和基因指纹的分析和研究。让我们真正见识到DNA鉴定重要作用的案件是著名的布莱克·帕德谋杀案。之后我和彼得·吉尔合作一起研究几个重大的历史谜案，后来他如是评价他自己在DNA技术发展中的作用："我主要负责研究DNA提取技术和证明陈旧血迹中也能得到DNA基因图。研究中的最大成果就是发明了优先萃取法，此方法能将精子从阴道细胞中分离出来——没有这种方法就很难在强奸案中运用DNA鉴定。"当然，这个技术用在科莱特·亚兰一案中再适合不过了。

事实上，1997年警方找到了科莱特谋杀案的犯罪嫌疑人，并试图通过建立DNA基因图谱来确定真凶。蒂姆·克莱顿医生成功地重新从尸检后保存的样品中获取了科莱特的DNA。他试图用车里找到的精子样品和从科莱特身上发现的精子样品来绘制凶手的DNA基因图谱，可惜只取得了部分成功。因为要绘制一幅完整的基因图谱，需要二十个DNA标记，十个来自父方，十个来自母方——不幸的是，他只获得了三个DNA标记（DNA标记是DNA的一部分，具有独一无二的特性，他们可用于鉴定不同的DNA。他们位于DNA的特定位置上）。克莱顿获取的DNA标记显然太少，尽管这些标记也确实排除了调查小组感兴趣的很多人，但是仍然不足以确定真凶的身份。就这样，1997年此案的评审终于不再继续进行，因为此案与1983年相比并没有取得多少进展。

2004年凯文·弗林特警官——科莱特谋杀案发生时还只是一名侦探警察——已任诺丁汉警局凶杀科科长。和1983年参与此案调查的其他成员一样，对于仍然未能将真凶绳之以法一事表示很失望，并决心要彻查此案——他坚持要这么做或许是为自己的名声考虑，不过这也不足为奇。

于是此案卷宗再次被打开，负责调查此案的依然是蒂姆·克莱顿。幸运的是，这次克莱顿能够运用DNA技术对警方在林肯酒吧卫生间里发现的那团沾血的纸巾做个细致的检查了。尤其是"低拷贝"DNA的发展让现代科学能够通过少数的DNA标记就能绘制出完整的DNA基因图谱。克莱顿认为这虽然是一次很好的尝试，然后捕获真凶的可能依然十分渺茫，因为他们并不知道酒吧里的那名男子是谁，另外更不清楚他是否真与科莱特谋杀案有关联。然而对纸巾细致检查后，发现其上包含一男一女两人的DNA。克莱顿立即将女性的样品与已知的科莱特·亚兰的DNA基因图谱做了比对，结果完全匹配。这一发现非常重要：这几乎肯定了杀死科莱特的凶手就是案发当晚出现在酒吧的男子。另外同样重要的是，克莱顿进一步提取出了

## 第七章 DNA

男子的完整 DNA 样本，与他 1997 年成功获取的三个 DNA 标记完全匹配。调查小组至此得到了真凶完整的 DNA 基因图谱。

警方开始对照图谱在数据库中搜索。找出凶手的希望很大，因为 1983 年那个有谋杀作案能力的男子很有可能在这些年内继续作案。然而结果再一次令人大失所望——数据库中没有与之匹配的图谱。克莱顿不想就此认输，建议进行家族 DNA 搜索。这项搜索显示与凶手 DNA 类似的都或多或少与凶手有血缘上的关联。搜索结果令人心惊，或者至少可以这样说：一开始这个体系就呈现出了成千上万种可能性。经过努力这个数量最终减少到了大约 300 人，虽说这已算是取得了巨大的进展，然而就是这相对较少的人数也至少得花去警方好几个月的时间去一一核查。

警方耗费 18 个月的时间做了大量的调查工作之后才发现这 300 来个犯罪嫌疑人都不是真凶。如此看来，尽管这次调查小组已经取得了明显的进步，但调查也不得不像 1983 年和 1997 年那样告终了。这个事实实在让人难以接受，于是克莱顿决定最后一搏，他建议再和 DNA 数据库中的基因图谱对照一遍，看看他们专注于核查的这 18 个月内新增的图谱是否有相匹配的。这似乎成了他们的最后一根稻草，因为他们做这项工作也并不会有什么损失。

让克莱顿惊讶的是，当他重新搜索了一遍家族 DNA 时，忽然在列表顶部发现了与之匹配的 DNA。该 DNA 来自于一位名叫哈钦森的男子，他于 2008 年因违章驾车被捕时被采集了 DNA 样本。尽管哈钦森的 DNA 与凶手的十分类似，但是不完全相同。况且这名男子只有二十岁,也不可能是作案凶手。不过,克莱顿坚信他找到的这个人一定是真凶的近亲。

于是凯文·弗林特和他的团队成员对哈钦森的家族进行了调查。发现匹配的DNA来自保罗·哈钦森的儿子。最新的调查资料显示,保罗五十开外的年龄,家中兄弟四人(其中一人刚刚过世),他们都住在福尔摩斯·皮尔庞德靠近车库的地方。1983年年初,保罗搬到了基沃思。于是警方逮捕了健在的保罗兄弟三人。

尽管保罗的两个兄弟完全配合警方的调查,而保罗却在调查中一直保持沉默。警方对他们三兄弟进行了DNA和指纹采样,经过测试核查,发现保罗的基因图谱与凶手的一模一样。他的指纹和多年前调查室里收到的那信封上的指纹正好匹配。保罗起初否认所有的一切,还指责死去的哥哥是杀人凶手。可是他没想到,调查组设法从医院得到了他死去的哥哥的DNA样本,结果很快就拆穿了保罗的谎言。面对越来越多的证据,他终于承认了自己犯下的罪行。最后他被判处无期徒刑,最低25年有期徒刑。法官弗洛先生当庭将科莱特被袭一事描述为"真正的不寒而栗",原话如下:"可怜的女孩,在她生命的最后几分钟内,遭受到来自一个陌生人残害时的恐惧和耻辱是难以想象的。"

警察局长联合会后来如是评价此案:此案说明建立国家DNA数据库的重要性,尽管此事一直有争议,并受到公民自由主义者的批评。但联合会发言人坚持认为"DNA能够继续通过确定罪犯或者排除犯罪嫌疑人的方法来帮助警方处理大量的

## 第七章 DNA

案件调查。此案也是体现 DNA 数据价值的很好案例"。无论你对 DNA 数据库存在一事抱何种态度,我们不可否认的是它是刑事调查中一种相当有效的侦查方式。事实上,现代的科技进步意味着即使是很陈旧的基因物质也依然能够被提取出可用的 DNA 样本,这无疑在很大程度上推动了法医学的进步,于是即使是二十五年前作案的凶手也最终难逃法网。毫无疑问,有很多人,包括保罗在内都没有想到,真的是法网恢恢、疏而不漏。多亏有了这项技术,他们再也不会心存侥幸了。

此案还有一个相当离奇的转折。2011 年 10 月 11 日,保罗昏迷在诺丁汉监狱的牢房里。此后不久便死在送往医院的急救车上了。至于他的死因一直是个谜,有人说是心脏病突发,还有人说是自杀。但无论是什么原因造成的死亡,没有人因为他的离开而感到悲伤。

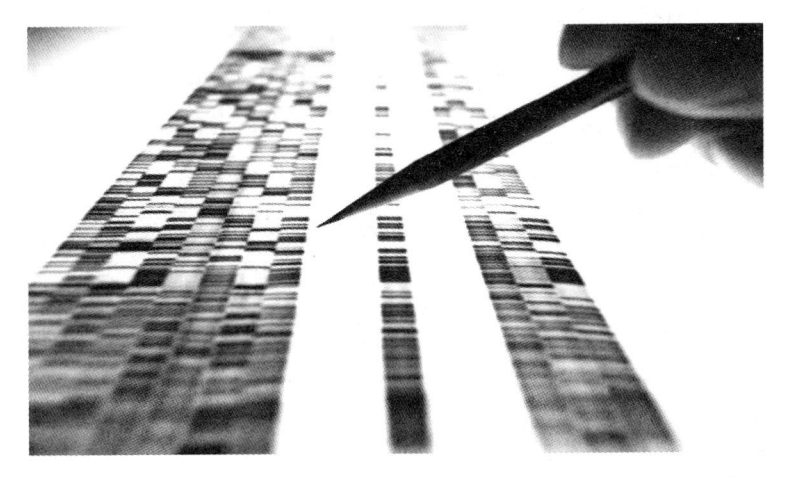

如图所示,凝胶电泳能够对个体的 DNA 进行分离,并对 DNA 标记进行分析。二十个 DNA 标记就完全能够确定个人的身份。

随着科技的不断进步，出现了这样一个小问题，那就是法院和法官很难跟得上法医学向前迈进的速度。即使是最博学的法官和最周到的陪审团也会因案件所涉及的科学解释的复杂性而不知所措。

DNA指纹鉴定在美国最早被作为证据应用于1988年的汤米·李·安德鲁斯强奸案之中。汤米住在佛罗里达奥兰多市，在一家药品仓库工作。他的恶行发生在1986年5月，他强奸了27岁的南希·霍奇，她是一位在佛罗里达沃尔特迪斯尼工作的电脑操作员。当南希在浴室洗澡时，汤米从其后攻击了她，用刀进行威胁。为防止日后被南希认出，实施强奸时他蒙住了南希的面部。汤米离开公寓前对南希实施了三次强奸，并顺走了南希的手包。这便是汤米作案的模式：蒙住受害者的脸，离开前顺走她们的一些私人物品。汤米袭击并强奸妇女频率十分惊人，到1986年12月为止他一共作案23起。他作案相当谨慎，几乎不留任何蛛丝马迹，这也就表明较长一段时间内都不大可能将其绳之以法。直到1987年2月，汤米在卡伦·芒罗奥兰多家中袭击她时才露出了马脚。尽管汤米狂虐卡伦，然而为了不惊醒并吓到孩子，她一声未出。在这种情况下，汤米留下了两个指纹印记。警方迅速行动，于1987年3月发现了他。事发时，当地一名女子告诉警方她发现了一个小偷，于是警方迅速行动，赶到时正好看见一辆蓝色的1979年的福特正火速逃离现场。警方穷追不舍，没过几英里，那车便失控发生了碰撞。司机果然就是汤米·李·安德鲁斯。很快警方便发现他的指纹与其最后一次在作案现场留下的指纹印记完全匹配，于是他立即被

## 第七章 DNA

捕。警方很高兴能将其捕获,并希望能找到他与更多案件的关联,而不仅仅是最后一件。受害者当中,仅有一人认出了他,而且还不能肯定就是他,因为被强奸时只瞥见一眼而已。汤米的血型和从受害者那里获取的精液样本中测得的血型完全一致,然而男性人口中有30%都为相同血型。因此对于专业的辩护律师来讲,这一发现根本不足为证。所以警方需要更多的证据才能成功说明汤米所犯下的是连环强奸罪。

调查小组听说英国有过成功运用DNA指纹鉴定的先例,尤其值得一提的是布莱克·帕德谋杀案(此案详见本书介绍部分)。脑子里有了这样的想法,他们便联系到一个名叫"生命密码"的DNA检测实验室。该实验室总部设在纽约,于是血液和精液样本被转送到那里,科学家艾伦·朱斯蒂博士对样本做了测试。几个月后测试结果出来了,发现从被关押的汤米身上采集的血液样本的基因图谱和从受害者那里采集的精液样本的基因图谱完全一致,来自同一个男子。

庭审时,汤米拒不承认自己强奸了南希·霍奇,声称案发当时自己在家中,他的女朋友和妹妹可以为他作证。于是原告提交了已由法院获准的DNA证据,然而被告却提出假匹配(从南希那里采集的DNA与汤米的DNA不匹配)的概率为一百亿分之一。也有人可能就会认为,鉴于此,只能说明汤米或许有罪,但不能完全确定他的罪行。但是事实上原告的话也是一个新的证据,从前没有人使用过这一证据。原告非常精明,对此的反驳是要求被告证明他们所言的真实性和可靠性。这给了被告一个措手不及,因为他们手头没有任何证据和支持他们提出的概率

<<<239>>>

问题。结果陪审团也出现了意见分歧，最终法庭宣布此为无效审判。

两周后，汤米站在法庭上接受另一起强奸案——即对卡伦·芒罗实施强奸一案——的审理。这次，原告律师做好了充分准备——不但有DNA证据，还有现场的指纹证据。于是法庭裁定汤米有罪，判处其二十二年有期徒刑。很快法庭对南希·霍奇案进行了再审，汤米依然坚持原来的说法，他的妹妹和女友依然为其作证。最后此案归根到底再一次落到了DNA证据上。这次原告小心翼翼地用最简明扼要的语言当庭解释了一下几个问题：DNA图谱绘制的过程，从汤米身上采集的样本与从受害者那里采集的样本匹配的原因，以及为什么说这就意味着汤米是罪魁祸首。被告再次试图用伪科学作为理由来怀疑原告的证据，然而却没能成功。汤米被裁定有罪，并且被判为连环强奸罪。当他的刑期被延长后，总刑期为115年。最终像英国一样，DNA在美国也成为一种可以被接受且有价值的证据形式。现在DNA证据已被广泛使用，尽管偶尔也会因为样本被污染或者测试人员技术不够专业等理由遭到质疑，但是这项技术就其本身而言没有任何问题。

保罗谋杀案竟然能在案发二十五年后通过DNA证据将凶手绳之以法，这不得不说是非常神奇的事情了，然而事实上相同的法医鉴定的技术可以被用于确认死亡时间更久的人的身份。例如，沙皇尼古拉二世和他的家人于1918年在叶卡捷琳堡遇害一案便是一个很好的例子。

1917年3月，尼古拉二世被迫退位，并传位于他的弟弟迈

## 第七章 DNA

克尔大公。他和他的直系亲属被处于亚历山大·克伦斯基控制下的临时政府安置在位于彼得堡的亚历山大皇村,临时政府一直在暗自盘算如何处置他们。尼古拉二世其余一部分亲属脱离俄罗斯逃往欧洲,这部分人的后代才得以生存至今。1917年8月,尼古拉二世家族被转移到托博尔斯克,这里以前是西伯利亚汗国首都伊斯凯尔,说是为了保护他们不受暴力革命的迫害。他们住在前总督府上,生活得还算舒适,被照顾得也很周到。1917年10月,布尔什维克开始掌权,他们的处境变得十分危险,甚至可以说是朝不保夕。他们不得不解雇大部分的仆人,每日也只能得到和士兵一样的食品供应量,于是不得不放弃他们最后的奢侈品,如巧克力、黄油等。1918年夏天,布尔什维克又把尼古拉二世家族转移到了叶卡捷琳堡,将其囚禁在位于沃斯涅斯基大街49号的伊帕切夫别墅(这是一个有特殊用途的地方)内。

内战持续肆虐中,捷克斯洛伐克军团很快就要进城了,为防止白俄罗斯(那些同情沙皇的人)围攻他们,布尔什维克认为必须除掉罗曼诺夫家族。雅科夫·斯维尔德洛夫,是布尔什维克的领导人和全俄中央执行委员会主席,尽管是他发布电报命令秘密杀害罗曼诺夫家族,但是如此重要的决定肯定也是得到列宁的首肯的。

托洛茨基后来在日记中提到了罗曼诺夫家族:"我第二次访问莫斯科是在叶卡捷琳堡沦陷之后。与斯维尔德洛夫擦肩时,我曾和他交谈过:'嗯,请问,沙皇现在何处?''已经不在了,'他回答道,'他已经被枪杀了。''他的家人现在何处?''家人和他在一起！''所有的家人吗？'我问道，显然带着一丝惊异。'所有家人，'雅科夫·斯维尔德洛夫如是回答。'怎么了？'他等着看我下面的反应。我没有直接回答他的问题。'这是谁的主意？'我反而问道。'是我们在这里决定的。伊里奇(列宁)认为我们不能给那些白人留下一个活旗帜，让他们因此来围攻我们，尤其在目前极端困难的情况下更不应该如此。'"

据我们所知，午夜时分，别墅的看守长官雅科夫·犹若夫斯基叫醒罗曼诺夫的家庭医生尤金·博金，并命令他为罗曼诺夫家族更衣后集中在一间小小的地下室内。尤金医生告诉罗曼诺夫家族：由于城里有麻烦了，因此为了保证他们的安全不得不离开这里。等家族所有人员都到齐时，犹若夫斯基单独带着一个执行队来到地下室，为其宣读了乌拉尔执行委员会的命令——枪杀罗曼诺夫全家。之后执行队便开枪扫射。尼古拉二世本人头部中弹，倒在血泊中，尽管一些孩子并没在扫射中毙命，因为他们身上穿着用大量钻石制成的衣服，这在一定程度上保护了他们。然而执行队所做的并不仅仅是扫射，他们还要用刺刀确保每个人都已死亡。就这样短短二十分钟，家族所有成员都命丧于此。

多年后，沙皇及其家人的尸体被安放的地点一直是个谜。很多人认为这些尸体很可能被埋在了矿井里或者已被烧毁——或者两种情况兼而有之。也有很多书刊杂志中声称罗曼诺夫家族开心快乐地生活在西伯利亚。由于很多年来一直找寻不到尸体，为了骗取皇室财富，很多人挺身而出自称是罗曼诺夫家族血脉，其根本原因在于听说罗曼诺夫家族的财富遍及欧

## 第七章 DNA

洲各大银行。其中最有名的骗子是一位名叫安娜·安德森的女子，她自称是家族中最年轻的女儿阿纳斯塔西娅。事实上很多人已经接受了罗曼诺夫家族死亡的事实，他们在努力寻找这个家族最后的安息地。但此事谈何容易。

一位名叫亚历山大·阿夫多宁的地质学家全身心地投入了这项调查之中。他就住在叶卡捷琳堡，虽然是考古学业余爱好者，却非常热衷于调查当地的历史。他对于罗曼诺夫家族被杀谜案有着极强的好奇心。阿夫多宁对此案研究了很多年，收集了很多关于这个皇室家族被枪杀后残留尸体的信息和相关证据。1976年，兴趣使然，阿夫多宁认识了作家杰利·里亚博夫，里亚博夫认识一位当年参与扫射的执刑队成员的儿子，并向其打听过相关信息，所以很显然他知道当年沙皇及其家属的居住地和葬身之地。根据里亚博夫提供的信息，皇室十一具尸体中有九具被埋葬在库珀特亚基路与铁路交叉道口184号附近。据说，尸体被扔进墓穴之后，还被浇上了硫酸，目的就是为了将其彻底销毁。之后他们用铁路枕木封了墓穴，又在其上铺上了厚厚的一层土。

有了这些线索，1979年春阿夫多宁和里亚博夫开始寻找皇室墓穴的位置。他们非常幸运，没过多久就发现了一些腐烂的枕木。紧接着，他们又发现了一些容器的碎片，他们认为这些碎片应该是当年盛放硫酸的罐子。于是他们继续挖，最终掘出了几个头骨。这时二人确信他们发现了久不为人知的俄罗斯皇室墓穴。为了避免引火烧身，他们重新掩埋了皇室的遗骸。他们一直保守着这个秘密，直到十年后，也就是1989年，里亚博夫才将此事公之于众。

最终尸体被再次挖掘出来，不过这次是官方行为。根据尸体所在的位置，他们在其中一个头骨中发现了一副用黄金制成的假牙（众所周知，尼古拉·罗曼诺夫镶有一口金牙），同时他们将此头骨与尼古拉二世的照片进行了比对，结果完全匹配，这说明这些残骸极有可能真是尼古拉及其家属的尸体。然而，或许由于此事过于引人注目，同时也没有得到确凿的证据证明尸体的身份，因此一直以来都疑云笼罩。

到此时我才真正参与到这个故事当中。我是 1992 年听说皇室遗骸这个故事的，那时候我正在 BBC《明日科技》栏目组工作。由于对此案非常感兴趣，我一参与其中便立即和俄罗斯法医科学服务中心取得了联系，希望他们能帮忙找到更多的线索，并由此有幸认识了其中一位一流的 DNA 专家，帕维尔·伊万诺夫博士。他简要介绍了他们迄今为止的研究成果，但解释说将遗骸运往英国进行 DNA 分析的资金不充足，我说很乐意提供资金支持，他欣然接受了我的支持。第一步便是联系当时的内政大臣肯·克拉克（幸运的是他也是我所在选区的国会议员），他授权 DNA 分析工作在位于奥尔德玛斯顿村的英国内政部法医科学服务中心开展。负责这项工作的是英国科学家彼得·吉尔博士，他认为这项研究前景十分乐观。随后帕维尔·伊万诺夫将九只右臂装进一个破旧的英国航空公司行李箱中飞到了英国。很快这个行李箱就被装进了我的沃尔沃的后备厢，跟着我一路驶向彼得·吉尔的家中。一路上，我不由自主地想：若警察拦住了我，发现我的后备厢里有九只遗骸的右臂，他们

第七章 DNA

会作何反应？尽管如此，也不是所有人的后备厢里都有机会载着整个皇室家族。

图为圣彼得堡的圣彼得和圣保罗大教堂，是罗曼诺夫家族遗骸最后的安息地。

遗骸的基因分析工作持续了数周，主要内容是测试样本来确定罗曼诺夫家族的关系，例如：爱丁堡公爵的外祖母是海塞的公主维多利亚；莱因是沙皇皇后亚历山德拉的姐妹。测试工作结束后，彼得·吉尔得出结论：这些骨骸确为罗曼诺夫家族的遗骸。此消息一出，轰动一时，许多媒体纷纷对此表示关注。自此再没有人怀疑遗骸的身份了，于是罗曼诺夫家族很快得到了一个体面的皇家葬礼。1998年7月17日他们被安葬于圣彼得堡的圣彼得和圣保罗大教堂的地下室里。至今他们还躺在那里，和俄罗斯许许多多伟大的沙皇一起长眠在那里。随后我收到一封来自于俄罗斯法医科学服务中心的信件，信中向我表达了深深的谢意，感谢我对于此项目的支持和帮助；与此同时，我还得到了罗曼诺夫家族中幸存者的感谢——两件事都让我觉得无比自豪。

DNA基因图谱最终还是遗留了一个问题：尽管有争议，但是安娜·安德森始终自称是沙皇最小的女儿阿纳斯塔西娅大公。甚至早在1927年，沙皇皇后亚历山德拉的哥哥欧内斯特·路易斯——即海塞大公——就私自做过调查，发现安德森原名叫弗朗西斯卡·暹兹高斯卡，是一名有精神病史的波兰工厂员工。然而由于缺乏有力的证据，因此直接戳穿她的谎言也没那么容易。事实上，直到1984年她去世，这个问题才真正得到了解决。最终揭开谜团的是安德森于1979年在手术中被截除的一小段肠道，被存储在弗吉尼亚夏洛茨维尔市的一家医院里。

安娜·安德森生命的最后几年就是在那里度过的。对肠道进行的DNA分析，不但证明了这个女人与罗曼诺夫家族没有

第七章 DNA

任何关系,而且还证明了她与弗朗西斯卡·遑兹高斯卡的侄孙女卡尔·毛赫尔的基因完全匹配。这个结果似乎说明了最初的调查一直都是对的。也许是因为人们愿意相信一些传奇的故事吧,所以这么多年来始终认为阿纳斯塔西娅应该活在人世。然而 DNA 分析却使真相大白于天下。

图为未知画家创作的查理三世的画像,创作时间应该在 1626 年之前。人们怀疑查理三世患有脊柱侧凸,因此看起来如图中所示一肩高一肩低。

科学能够揭开发生在很久之前的一些事情的真相，这或许确实令人惊讶不已，然而更令人惊讶甚至口瞪目呆的是近些年的 DNA 分析，它让人们的研究延伸到了更久远的过去——确切地说是数百年前的过去。金雀花王朝的国王查理三世生于 1452 年 10 月 2 日。他在位仅两年，即从 1483 年到 1485 年，后在伯斯沃斯战役中阵亡。他是约克家族的成员，也是金雀花王朝的最后一位国王。查理三世始终背负着"篡位者"的罪名，他经常被人诋毁和污蔑，甚至在莎士比亚的《查理三世》中也是如此。1483 年他的兄长爱德华四世驾崩，传位于年仅 12 岁的儿子爱德华五世，任命查理为摄政王。查理将两个孩子锁在伦敦塔，对外称是为了保证两个孩子的安全。爱德华的加冕典礼定于 1483 年 6 月 22 日。然而在年轻的国王加冕前，爱德华四世的婚姻被宣布无效，原因在于婚前的盟约，于是其子便无权继承王位。这对于查理来讲无疑是天大的好事，结果他自己继承了王位。

查理统治期间不得不面对两场大规模叛乱。一场发生在 1483 年 10 月，由白金汉公爵和爱德华四世的支持者发起，他们认为爱德华的儿子应该是真正的王位继承者。查理镇压了起义并处决了白金汉。另一场发生在 1485 年，这次的领导者是亨利·都铎与其叔父贾斯伯·都铎。两支部队在博斯沃思平原对峙。亨利的军队寡不敌众，似乎要大败于查理。然而就在查理带骑兵冲锋陷阵欲将亨利一举拿下时，他自己却战死沙场，成为英格兰历史上最后一个牺牲在战场上的国王。

据资料记载，查理三世的遗骸被修道士埋葬在一个教堂

## 第七章 DNA

里。然而一直以来又有传闻：查理三世死后不久，遗骸被掘出方济会公墓，并被愤怒的人群扔进了河里，从此尸体便失踪了。不过一些证据表明事实很可能不是这么回事。

对于方济会教堂现址的调查很大程度上是由"查理三世会"成员菲利帕·兰利以及约翰·阿什当-希尔博士和安妮特·卡森（此二人都写过关于查理三世的书）共同发起的。他们做的第一件事是筹集资金，这也是进行任何严谨的探索与研究的必备条件。最后"查理三世会"成员筹集到的资金总和远远超过了一万法郎并足以支持他们的调查工作。接着莱斯特大学的首席考古学家理查德·巴克利参与到该项调查之中，这里值得一提的是莱斯特大学在法医学历史上做出的卓越贡献。尽管巴克利认为找到查理三世遗骸的概率可能微乎其微，然而愿意做一次有益的尝试；因为就算他们无法在教堂现址找到国王的遗骸，他们也很有可能会发现其他一些有趣的信息。

调查小组发现方济会教堂应该位于现在的莱斯特郡社会服务办公大楼下方。2012年8月25日，调查小组掘开了大楼下方的停车场。同年9月12日，他们公开了一个令人振奋的发现：他们发现了一具成年男性的骨架。虽然公布这具尸体的真正身份还为时过早，但是调查小组也确有证据让他们足以大胆地认为他们找到了失踪已久的国王遗骸。例如：当调查小组对尸体的每一根骨头进行CT扫描后，发现形成的3D图中其骨架脊柱有侧凸的迹象——脊柱略有弯曲。但是这一发现并不能证明这名成年男性和查理三世一样，驼背而且一边肩膀明显高于另一边，不过国王的这些特征也极有可能是他的诽谤者的恶意夸张和宣传。

　　从骨骼也能够看出此人在战争中多处受过创伤——事实上，不少于十处。看起来此人在战争中丢失了头盔，因为多处创伤都位于头部。另外身上有一处剑伤，从伤口看明显是被罗德尔短剑所伤，这是当时欧洲格斗中广泛流行的一种武器；身上还有一道细长的切口，一定是被一种扁平的武器所伤；最后还发现此人的后脑勺有一个巨大的裂口，几乎可以肯定是脑浆迸裂。由此可知最后受的伤最致命。不管怎样，可以确定的是此人一定是在战争中死亡的。

　　尽管大家都希望这具骨架真的就是查理三世的，不过以上证据仅仅只能作为间接证据。DNA分析或许能够提供更确切的证据。约翰·阿什当-希尔博士在这方面作出了突出的贡献。通过深入的族谱研究，他成功地追踪到了约克家族的安妮，她是查理三世的姐姐的直系后代：一位名叫乔伊·易卜生的英国女性在第二次世界大战后，移居到了加拿大。若从母系关系来追溯的话，她是查理的第十六代孙侄女。最后这一点至关重要，因为这样就可以通过她进行线粒体DNA分析了。线粒体DNA仅仅是我们每个人携带的总遗传物质的很小一部分，与那些位于主染色体上的DNA有所不同。每个人的线粒体DNA只来自于他们的母亲遗传，而不是像其他基因一样源于父母基因的重组，这也就是说若从母系关系追踪的话，家族中的每个人都会有相同的线粒体DNA。

　　不幸的是，2008年乔伊就离开了人世，因此于2012年接受口腔拭子试验（用于线粒体DNA对比）的是她的儿子迈克

## 第七章 DNA

尔·易卜生。试验发现他的线粒体 DNA 属于单倍型类群；如果遗骸是查理三世的，那么遗骸中的线粒体 DNA 也必然属于同一个单倍型类群。判断遗骸中线粒体 DNA 类群的工作由遗传学专家图里·金博士来完成。当然仅凭这一点还不能作为身份鉴定的依据，因为其他家族的成员也很有可能属于单倍型类群，然而综合考虑到遗骸的位置、年龄、体貌特征以及所受的创伤，利用这一额外的证据来确认遗骸就是国王查理三世似乎是合理且没有任何异议的，于是 2013 年 2 月 4 日莱斯特大学向全世界公布了这一结果。查理三世也于 2014 年初相应地被安葬于莱斯特大教堂里。

最后还有一个案例值得一看，它比其他案例更加突出地表现了 DNA 证据是如何替无辜的人洗清罪名的。然而运用 DNA 证据确实让死刑支持者有些踌躇，因为这毫无疑问地表明当前案件的审判有失公正。

1984 年，九岁的小女孩道恩·汉密尔顿在马里兰州罗斯戴尔被奸杀。前海军陆战队队员柯克·诺布尔·布拉兹沃斯被捕，并被指控为此案凶手。主要对他不利的证据是道恩被杀时有几位目击证人看到他正好在道恩所在地区的附近活动。另外原告坚称受害者身上的脚印与在布拉兹沃斯家中找到的一只鞋完全匹配。尽管布拉兹沃斯坚称自己无罪，然而法庭依然认为他有罪，并在 1985 年判处其死刑。幸运的是，1986 年调查组发现原告用非法手段制造了不利于被告的证据，于是马里兰州法院推翻了原判。然而这次审判法庭依然认为布拉兹沃斯有罪，不同的是这次只判了他两个有期徒刑而不是死刑。这个刑期很有可能救他一命，因为即便他被关在死囚牢房里，他依然有机会在行刑前证明自己的清白。

布拉兹沃斯碰巧于1992年读了布莱克·帕德谋杀案，他从中了解到了如何利用DNA证据证明无辜者的清白以及捕获到真正的犯罪分子。于是他很快联想到这一新技术或许在此案中能帮自己解围。同年年底，他成功地说服了法院进行DNA测试。起初法院认为这项测试似乎无法进行，原因在于此案中唯一能够从中得到DNA证据的是道恩·汉密尔顿的内裤——因为其上粘着少量作案者的精液，但是内裤却不见了。几经努力，调查小组人员终于在一位法官办公室的证据袋中找到了道恩的内裤。紧接着位于加利福尼亚州里士满的法医科学协会开始对其进行测试和分析。结果证明布拉兹沃斯确实是清白的，并于1993年6月28日被无罪释放。布拉兹沃斯是第一位基于DNA证据被释放的死囚——此案也在法医鉴定上具有了里程碑式的意义。1995年马里兰州州长威廉·唐纳德·谢弗公开向布拉兹沃斯致歉。

现在看来，我们不得不说利用DNA数据是世界法医史上的巨大转折。从1993年开始，美国就将DNA数据增添到各个州和联邦的数据库中，十年后，也就是2003年，警方终于确认了此案的真凶。此人名叫金伯利·夏恩·拉夫纳，事实上，他在布拉兹沃斯被判刑后一个月，就因一起与此案无关的强奸未遂和人身攻击案入狱。令人吃惊的是，拉夫纳和布拉兹沃斯竟然被囚禁在同一间牢房里，两人是上下铺且彼此认识；拉夫纳在监狱图书馆工作，经常为布拉兹沃斯借书看。拉夫纳被指控谋杀了道恩·汉密尔顿，2004年被判有罪，而布拉兹沃斯的罪名实属误判。布拉兹沃斯因此获得了30万美元的赔偿金，此事毫无疑问地支持和促成了诸如《清白保护法案》一类措施的出台，旨在将无罪者被行刑的概率降到最低。

DNA基因图谱的力量十分惊人——将其与本书中描述的早期身份鉴定的方法做比较时，我们的这种感觉尤其明显。毫不夸张地讲，DNA技术在刑事调查领域发挥着极其重要的作用。DNA技术在准确地鉴定犯罪分子以及发现其与案发现场的关联上，足以令人瞠目结舌，有时候甚至让人觉得不可思议；与DNA技术的光芒相比，福尔摩斯和赫尔克里·波洛的推论则显得暗淡无光。我们也看到了，DNA技术能够被用于追溯并解开数百年前的历史之谜，这足以说明这项技术拥有令人难以置信的无穷潜力。

研究法医学的历史让我们不得不面对人性的阴暗面。看看这些残忍的罪行，我们或许会情不自禁地质疑，甚至会惊叹："怎么会有人这么做？"我实在不敢苟同——在这一研究过程中，我们不可避免地要遇到种种罪行和罪恶。但是我希望本书不仅仅是讲述如何利用复杂的方法和艰辛的努力破获一起起案件，更重要的是展示法医学如何实现人性之美：智慧和决心，以及更重要的，对正义的信仰。

## 听巴山夜雨　品渝州书香
## 壹PAGE最新科幻图书

《连接》蝉联《纽约时报》电子书畅销榜冠军长达五周
亚马逊"科幻小说""科技惊悚小说"电子书畅销榜冠军作者最新力作
【美】道格拉斯·E.理查兹 著　刘　红　邹　蜜 等译
重庆出版社　定价：96.00元（三册）

精彩书评：

　　《连接》是一部让你爱不释手的惊险小说——火爆的动作描写，令人兴奋的新概念，让人拍案叫绝的情节架构——超级过瘾的阅读体。

　　　　　　　　　　——博伊德·莫里森，《纽约时报》畅销书作家

　　《强化》在构架和剧情安排上更胜于《连接》，无论是人物的塑造，剧情的超人想象，还是最终的完美收尾，都让人拍案叫绝。整个"超脑"系列两卷本很精彩。理查兹的作品蝉联畅销榜冠军，可谓实至名归。

　　　　　　　　　　　　　　　　　　　　　　——《纽约时报》评语

　　《变态疗法》非常精彩，让人忍不住一口气看完。

　　　　　　　　　　——道格拉斯·普雷斯顿，《纽约时报》畅销书作家

《最后的不在场证明》
【美】大卫·埃利斯 著　曾雅雯 译
重庆出版社　定价：48.00元

内容简介：

　　詹姆斯是一个略显古怪的家伙。他的长相有些好笑，过着离群索居的生活。有一天，他带着先知先觉的担忧来到了辩护律师詹森·克拉里奇的办公室。近来有两名女子遭到谋杀，詹姆斯认为他自己将成为警方眼中的头号嫌疑犯，但他没法提供任何一起案件的不在场证明。于是，詹姆斯·德林克打算雇佣詹森担任自己的辩护律师。

　　詹森对此并没有想得太多，直到一起接一起的女子谋杀案发生，这时詹森才决定着手对其委托人的生活展开密切调查。他很快就发现：在这些谋杀案中被陷害的对象并非德林克，而是詹森·克拉里奇自己……